美的相遇

傅国涌教育随想录

傅国涌　著

华东师范大学出版社
·上海·

图书在版编目（CIP）数据

美的相遇：傅国涌教育随想录／傅国涌著 .—上海：华东师范大学
出版社，2017

ISBN 978-7-5675-6418-3

Ⅰ.①美 ... Ⅱ.①傅 ... Ⅲ.①教育—随笔—中国—文集 Ⅳ.① G52-53

中国版本图书馆 CIP 数据核字（2017）第 080037 号

大夏书系·名家谈教育

美的相遇：傅国涌教育随想录

著　者	傅国涌
策划编辑	林茶居
审读编辑	张思扬
封扉设计	吴元瑛

出版发行　华东师范大学出版社
社　　址　上海市中山北路 3663 号　邮编　200062
网　　址　www.ecnupress.com.cn
电　　话　021 - 60821666　行政传真　021 - 62572105
客服电话　021 - 62865537
邮购电话　021 - 62869887　地址　上海市中山北路 3663 号华东师范大学校内先锋路口
网　　店　http：//hdsdcbs.tmall.com

印刷者　北京密兴印刷有限公司
开　　本　700×1000　16 开
插　　页　1
印　　张　15
字　　数　200 千字
版　　次　2017 年 6 月第一版
印　　次　2025 年 7 月第四次
书　　号　ISBN 978-7-5675-6418-3/G·10326
定　　价　45.00 元

出版人　王 焰

（如发现本版图书有印订质量问题，请寄回本社市场部调换或电话 021-62865537 联系）

目　录

第二辑　与教育相遇

美
的
相
遇

傅国涌教育随想录

第三辑　与教育人相遇

第一辑

与民国相遇

教育就是与美相遇

——重温民国的中小学教育

教育是什么？古往今来的教育家都没有把这个问题讲得很明白，也许它永远都不会有一个最终答案，但今天我想提供一个暂时的答案，教育就是在时间的变化中寻找确定不变的价值。

教育很奇妙，因为它是针对活人的。"活"字，三点水加一个舌头的舌，水是流动的，语言是千变万化的，人是在变的，时间也在变，但教育就是要在变化之中找到那些不变的、相对稳定的价值。最古老的文学经典中传递的价值、情感，直到今天这个时代仍然能引起我们心灵的共鸣，例如《诗经》中的"窈窕淑女，君子好逑"讲的是男女的情感，"昔我往矣，杨柳依依"讲的是人在自然变化中的感触，这一切美好的因素是不变的，也正是教育要探求的。

过去的教育看起来就是几本经典，但是跨越了几千年依然历久弥新，就算今天，面对最熟悉的《论语》《老子》，仍有很多东西没法得到确切解读。举个例子，老子所向往的理想国状态是"邻国相望，鸡犬之声相闻，民至老死不相往来"，普遍的理解是，"鸡犬之声相闻"表示住得很近，"民至老死不相往来"表示老百姓一辈子都是相互隔离的状态，但细想想，这不是表明人际关系很恶劣吗？直到有一天我看到这样的解读："民至老死"的后面加一个逗号，"鸡犬之声相闻"表示这个地方宁静祥和，"不相往来"的意思是老百姓住在这里，从小到老都不会看到战争。"往来"在甲骨文的卜辞中指的就是军队来来往往。所谓理想国的状态就是和平、没有战争，这样的价值才是可以超越时间的。

能应对这个时代的危机和挑战，适应这个时代人心的需要，是教育应该有的样子。教育具有现实性，一定是在现实的人间进行的事业；教育又具有超越性，一定是超越现实而指向一些更重要的确定不变的价值。

教育最终是要成人之美，这是一种具有超越性的价值。花开是美的，男女的爱情是美的，人间的亲情是美的，所有的善事都是美的……美的涵盖面很广。教育从某种意义上就是要让人类活得更美，活在美中。

在真正的美面前，语言是苍白的。《论语》里就有这样的表述："天何言哉？四时行焉，百物生焉，天何言哉？"庄子说，"天地有大美而不言"，所有的美只能让人赞叹但很难清晰地表达出来。美国作家爱默生给美下了一个很好的定义："宇宙的存在是为了满足人类灵魂上爱美的欲望。我认为，此乃宇宙最终的目的。没有人能说明为什么人要追求美。从最广泛与深远的意义上看，美实为宇宙的一种表现。"

蔡元培曾经提出"以美育代宗教说"，这是第一次在中国这块土地上正式提出要在教育里加上一个新的东西——美育。美育也并不是简单地与体育、德育并列，就是音乐、美术这些学科，事实上它是超越学科的、更大的一个概念。

教育的过程就是一个与美相遇的过程。地球是圆的，宇宙也是圆的，整个世界是一个圆形思维，真善美不是在一条直线上，而是在一个圆上，美是起点，也是归宿。所有的学科设计无非包括三个方面，关于文学艺术的，关于哲学、伦理学、政治学、社会学的，关于自然科学的，所有这些学科也是围绕真善美三个层面来设计的。如果说文学艺术是记录并展开美，哲学是探究善并深入到善的本质，那么科学就是呈现上帝创造的井然有序。真善美是相通的，它们在一起构成了人类教育要指向的目标。

民国教育之所以充满魅力，就是因为它最大限度地实现了与美相遇。

它并不是要让每一个人成为成功的人，因为成功没有标准。教育是要成全人，让每一个人成为他自己，最好、最美的自己。用"美"字来定位教育的目标是比较恰当的，因为美是务虚的，中国人太务实了。教育不应该是功利的，一个人将来是否成为总统、富豪，不是在受教育阶段要思考的问题，现在很多学生进入大学就要开始思考将来职业的选择，这是教育的下滑而不是提升。

课文之美

1912 年，商务印书馆出版的《共和国教科书新国文》初小第一册第一课，就是一个"人"字。一撇一捺是为人，从这个字开始，一个孩子进入教育之门。人之所以为人，是从家庭开始认识"人"的概念，插图中就是一家三代人。第二册出现了这样一篇课文："竹几上　有针　有线　有尺　有剪刀　我母亲坐几前　取针穿线　为我缝衣"。用这样的短句写出了《游子吟》的情感，母子间的情感，呈现的是人性之美。

在另一个版本的民国课本中，小学生进入小学课堂的第一课是"天亮了"，不仅有日出、有雄鸡，就是每片树叶仿佛也活过来了，十分美好。那个时候，中国印制彩色插图是件很奢侈的事情，但那时的课本里常常有彩页，让孩子能在有色彩的课文里感受美。

1923 年出版的《新学制国语教科书》有一篇《什么时候好？》，讲的是一年四季的早晨，读起来就非常享受——

什么时候好？春天早晨好。看不厌，听不了，园里鲜花树上鸟。什么时候好？夏天早晨好。星光淡，月光小，绿柳枝头凤袅袅。什么时候好？秋天早晨好。叶半红，花半老，露像珍珠缀百草。什么时候好？冬天早晨好。雪在山，冰在沼，满瓦霜花白皓皓。

民国课本中关于一年四季变化的课文有很多，另一篇的表述方式换了一下：

> 冬天过，春天到。春天桃花好，燕子飞来喳喳叫。春天过，夏天到。夏天荷花好，大树底下听知了。夏天过，秋天到。秋天菊花好，墙边唧唧虫声闹。秋天过，冬天到。冬天梅花好，红白分明颜色姣。

没有一个季节不是美的。

从自然季节切换到劳作，这篇叫《农夫插秧》：

> 农夫插秧，插了一行，再插一行。农夫灌水，灌了一回，再灌一回。农夫锄草，除去野草，好长禾苗。

当中国还在农业文明向工业文明过渡的时代，这样的课文并不是简单地告诉孩子对农夫插秧的认识，而是对农业的敬畏。孩子每天读着这样的课文成长，建立起对整个人间和社会的健康认识，不断地把自己的世界伸展开来。

另一篇课文叫《布谷》：

> 樱桃红、杨柳绿，布谷鸟，飞去飞来真忙碌。"布谷布谷布谷布谷"，一声一声好像是催促，催促农人去忙碌。布谷布谷快快布谷，春天不布，秋天不熟。

考虑到孩子的接受能力，课文往往用的是非常简单的句子。

"初夏时，果渐熟。姊妹到园中，采果十数枚。樱桃红，梅子青，琵琶黄，杨梅紫；鲜艳可爱。"这篇课文叫《初夏之果》，将四种初夏成熟果子标志性的颜色呈现出来，使用的就是最简约的文体，没有任何装饰。民国课文最大的特点是非常朴素，在朴素当中呈现价值。

万物都是人类要去认识的对象，要不断地借着各种事物告诉孩子这个世界的真实样子，让孩子在这个过程中建立起自己稳定的价值。当年小学国文教科书第四册里的一幅插图，里面有各种各样的果子。在交通条件还不发达的年代，人们没办法认识不同地区的水果，这样的课文就可以拓展人们对万物的认识，让自己的世界超越地域和时间的限制。教育实际上就是要尽可能地把无限的世界带进我们自身的有限中来。

接下来这篇课文叫《秋天》："梨黄了、枣红了，绿豆黑豆全结下角了。"这篇课文开头写得好，全是靠颜色来彰显的。四个颜色黄、红、绿、黑，那是秋天的标志，秋天到了，农人忙起来了，一个成熟的季节来临了。

收获的季节过去，"天气冷了　树叶黄了　一片一片的　从树上落下来　弟弟跳来跳去的　用手去接着　哥哥用扫帚去扫开"。面对同样的落叶，哥哥和弟弟的反应完全不一样，我们看见的不仅是落叶的美，更看见不同年龄的人对美的反应。

课文始终要解决一个问题，就是它要给人想象力。叶圣陶和丰子恺先生合作的《月亮船》是一篇经典课文：

> 我看见一个月亮浮在天空像一个小船，我想我坐到月亮船一定更好玩。我坐在船里，许多的星，浮在船旁边，我把又大又亮的星放到一只盘里，我想回去送给妈妈，妈妈一定欢喜。

短短的文字里有科幻、有文学、有人性、有亲情，一步步拓宽了孩子的世界。

民国教科书中有一个版本就是商务印书馆的《新学制国语教科书》，整个初小阶段八册老在讲猫、狗、老鼠、蚂蚁之类，很少讲到人。你会觉得通篇都在讲猫狗怎么把人性带进来。课文既有用狗性的贪婪来写人性的贪婪，也有用鸡性的贪婪来写人性的贪婪，编者考虑孩子的兴趣用猫狗来编课文，但也并不是随意的，往往是用这样的方式来传递对人性的洞察。

《青蛙摆渡》是美术教科书上的一课，每一只青蛙都有自己的分工，每一只青蛙都有各自不同的神态，小孩子可以模仿这样的画面去画。

民国课本给我的整体感受就是一个"美"字。一个人从小学一年级第一册第一课开始，读着这样的课文一步一步往前，他的世界就是一个健康的世界，他所建立起来的价值是一种健全的价值。教育给他提供的都是真美善的东西，让他建构起一整套应对世界、应对社会人生的价值观。

课堂之美

"儿童不知春，问草何故绿"，因为儿童不知道春天来了，所以他会问草为什么绿了，老师就要给他作出解答，所谓的课堂就是有问有答、有问有对，是一种对话。我们中国人往往把课堂变成了老师单方面对学生的教导，就失去了教育原本应该呈现的互动状态。

无论是苏格拉底还是孔子，他们留下的最精美的东西都是对话，老师与学生的对话，这种问对其实就是课堂原始的样貌。无论到什么时候，教育的本质是不会变的。就像这幅画面，民国教育的课堂并不是有多么精彩，民国教师上课相对随意甚至常常离题。但是过了几十年，老师正儿八经讲述的内容学生可能都已经忘记了，说明那些内容也没那么重要，反而记住了老师即兴的离题万里，而那些故事也成了校史中代代相传的佳话。

衡量一个好学校、好课堂、好老师的标准是什么？也可以看有没有故事。如果有故事，就是一个好学校、好课堂、好老师。课堂要有随意性和生动性，不要拘泥在课堂原本设计的内容上。因为教育是针对活人的，学生的问题也不是固定的，尤其是聪明的孩子，能提出许多老师想不到的问题。师生之间的问答、互动就能创造出更加美好的教育生态。就像丰子恺漫画中出现的杨柳树、青草地、小河边，这就是生态，课堂也应该如此，如同草地上展开的对话。

钱穆先生做了多年的小学老师，他回忆自己有一次给小学生上作文课，布置的作文题目叫《今天的午饭》。当堂把作文收上来，他把一篇佳作抄在了黑板上。他告诉孩子为什么这一篇写得好。"今天午饭，吃红烧猪肉，味道很好，可惜咸了些。"他跟学生说，说话要有曲折，就像此文最后一句。

陶光先生是南开中学的国文老师，有人给他起了一个绰号"一点师"。原因是有一次一个同学写了一篇作文，开头第一句是"远远的东方，太阳升起来了"，他在点评的时候说在"远远的"后面加一个标点，变成"远远的，东方，太阳升起来了"，一个标点可以让整个句子活起来。陶光会教作文，这样的点评能给学生带来无穷益处。

南开中学的孟志荪老师有一手绝活，他给学生批作文、考卷从不判甲乙丙丁，都是批某一首诗里的某一个句子。这样学生也不知道自己到底是哪一等，而是得去找这个句子，以及它出自哪首诗，这样就逼着学生有更宽的视野。

师者范也，师不一定高过学生，但是师要提供示范，就是透过老师的性情、个性、情怀去影响学生。学生在老师这里学到最多的其实不是知识，因为知识永远学不完，每一个人的知识都是有限的，但是可以透过他的性情和魅力，让学生感受到老师身上的力量和美德，这是在传递价值。

岳阳中学的英文老师蓼六如，上课的时候会随口背诵几句千家诗或唐诗，一边把中文念出来，一边就把英文翻译出来，这样的课堂就是活的课堂。他在即兴中给学生提供了一种示范，原来学英文可以如此奇妙、美好，学生学英文的兴趣、动力也就会被激发出来。很明显，要成为一个好的英文老师首先要有良好的中文基础。

绍兴中学有个数学老师真名叫孙叔平，却有一个"何以故先生"的绰号，因他每次上课都要问几个"何以故"而得名。有一次上课，他问学生"1+1=2，这是何以故呢？"当学生都不知道怎么回答的时候，孙老师就讲出了一番"何以故"的高深道理来，这是一个探讨性、开放性的问题，没有最终答案的问题，对学生来说是开阔了眼界。于是，一位叫章荣根的同学写了一篇作文《何以故先生》登在当时很有影响的《东南日报》上。那个时代的老师未必有很高深的学问，却可以按照自己的个性、即兴产生的想法跟学生互动。这样的课堂是活的，当然也是美的。

课程之美

在民国教育中，很多课程是由各个学校，或者老师自己设置的。台湾作家齐邦媛在《巨流河》中回忆，南开中学的孟志荪老师留给她最深的印象是他开的两门选修课，高二开的诗选和高三开的词选。她说在高二背的几百首唐诗和高三背的几百首宋词，到老了还记忆犹新。

南昌中学有个老师叫汪国镇，在高中开了文字学和文学史等选修课，他的一个学生许渊冲以后成了一位出色的翻译家，把唐诗宋词元曲翻译成法文、英文。我印象深刻的是他翻译李白的"床前明月光"这个句子，反复斟酌，最后翻译成"床曾经在如水的月光中，于是我也沉浸在乡愁中"，这样的翻译当然需要有很深的中文根底才能做到，他大学读的是外文系，但他在中学时代就打下了很好的中文根底，汪老师早年的选修课让他深深受益。那个时代，很多学校都会开设这样的选修课。

当年费孝通在吴江初等小学，四年级时校长沈天民给他们上过一门选修课——乡土志，正是这门课激活了少年费孝通的梦想，成为他一生事业最初的萌芽，他将《江村经济》和《乡土中国》贡献给中国和人类，在乡土志这门看起来似乎微不足道的选修课与他毕生致力的乡土中国研究之间牵着一根神秘的线。

你并不知道哪一门课能唤醒孩子生命最深处的一根线，一门选修课可以激活一个人一生的梦想。爱因斯坦说得好："用专业知识教育人是不够的，通过专业教育，他可以成为一种有用的机器，但是不能成为一个和谐发展的人。"他自己也是在音乐、哲学和物理学之间穿行，找到了一生的乐趣。每个人都有自己不同的路径，每个人成就自己的方式也各不相同。

课外之美

民国教育中非常重视让孩子参与表演。话剧是很训练人的一件事，表演让一个人能够代入，一个人的天分能够充分发挥，一个人的创造能力、反应能力、联想能力、应变能力、口头表达能力都可以得到全方位的训练。

镇海灵山小学的科学老师江圣泗先生给孩子排的科幻剧《火星人》，其中出现了激光、人工造雨、基因工程、可视电话、改造沙漠、无土栽培，这些现在都已经实现了，但在1936年的中国只是科幻、想象。这一部科幻剧演下来，让学生对科学、农业都产生了极大的兴趣，通过一次戏剧表演就能把孩子带进这个世界，用爱因斯坦的话来说："想象力比知识更重要，因为知识是有限的，而想象力概括着世界上的一切，是知识进步的源泉。"

周恩来当年在南开中学的话剧舞台上以男扮女装出名，他在政治舞台上的长袖善舞、身段柔软，是否与早年的历练有某种不可分的关系呢？南开中学的话剧舞台还成就了曹禺，他24岁就写出《雷雨》，自然与他中学时代常常参与话剧表演分不开。那时候很多学校都把这件事看得很重，学生在课余有很多精力放在排戏上，某种意义上话剧舞台给学生提供了一个更大的空间，实际上拓展了学生的世界。

一个人的格局尺度往往是中小学时代奠定的，从某种意义上说中小学决定着人的一生。我觉得大学教育不是最重要的，因为这时候一个人的个性、格局甚至价值观往往已经定型了，最关键的，人的趣味已经定型了。

校歌之美

民国时代的校歌也很美，朱自清用半文言为温州中学写的校歌，传唱90多年也不觉得过时，因为他在里面不仅概括了温州的山水，也传递了学校要提供的价值。无论他讲的"东西学艺"和"上下古今"，倡导的都是开放的启蒙价值。

当年中央大学附属小学的校歌，"钟山壮，长江长，我们的学校在中央"，一语双关，不仅是指中央大学的附属小学，而且其位置就在南京的中央，但最后它要传递的却是一个朴素平凡的价值，"我们在这乐园里努力准备，我们在这乐园里快乐安详"。在过去的学校，快乐是最重要的。

很多校歌都很简单，比如这首中的"耕不废读，读不废耕"，如果用这样的心态对待世界，一个人永远都不会失落，因为有一个可以应对一切的精神世界。能提供这样的价值观，才是好的教育。

那个时代的校歌，几乎都是从看得见的山水开始，归结到学校到底要传递什么价值。上海位育中学的校歌也一样，"黄浦江，水洋洋，大小朋友聚一堂"，但是最后传递的是"爱我国，爱我校，爱我先生，爱我同窗"，如此亲切、接地气，这样的校歌是有生命力的。歌里唱到的"创造，创造，生长，生长"就是位育中学要传递的核心价值。人不是被修剪出来的，人是要自己生长的。

评价之美

教育的问题归根结底可能还是评价的问题，有什么样的评价体系就有什么样的教育。因为人是评价的产物。学校教育某种程度上也是由评价体系决定的。1936年镇海的灵山小学有一个叫周大风的毕业生，一年后抗日战争爆发，周大风失去继续上学的机会，最高的学历就是小学，但他却成了一名作曲家，17岁就写出《救亡曲》，他的《采茶舞曲》影响深远。当他小学毕业时，老师成绩报告单上就说，他的美术、音乐相当于专科学校一二年级水平，可谓一语中的，他在这方面的天分在小学就已经被发现了，这样的评价体系完全不同于单纯用分数来衡量一个人。

1941年，重庆南开中学一个叫谢邦敏的同学在毕业会考时物理交了白卷，他在试卷上填了一阕词，然后等着补考——

调寄《鹧鸪天》

晓号悠扬枕上闻，余魂迷入考场门。平时放荡几折齿，几度迷茫欲断魂。

题未算，意已昏，下周再把电、磁温。今朝纵是交白卷，柳耆原非理组人。

万万没有想到，物理老师魏荣爵评卷时也在白卷上写了几句诗：

卷虽白卷，词却好词。人各有志，给分六十。

这叫什么？这就叫成人之美。谢邦敏那一年考上了西南联大法学院，毕业以后成为北京大学法学院的老师。

评价之美，乃是成人之美，教育是成全人，评价得为着人、洞察人、发掘人、建造人。那个时代的学校、老师可以这样评价一个学生，人的价值无疑是放在第一位，彰显的正是教育之美。

教育是种庄稼式的农业，要收获有生命的果实；教育不是流水线上的工业，可以批量生产没有生命的产品。教育要面对活生生的孩子，他有各种性情，你不能把他当作一个冷冰冰的产品来对待。你也不能把他当作一棵树来看待，他要比树更丰富、更复杂、更具想象力、更有可能性。

教育就是与美相遇。生命与生命的相遇是美的，学生与老师的相遇是美的，学生与学生的相遇是美的，学生与自我的相遇是美的，每个人通过阅读与古今中外的生命相遇也是美的。所有的相遇都是为了拓展一个更宽阔的世界，让你的世界变得更大。整个教育的过程就是遇见美、经历美的过程，也是一个生命生长的过程。某种意义上说，教育就是要让人成为一个新人、一个美人。美人不是指漂亮的人，而是指精神上、知识上、心灵上、行为上的美人。美是对一个人最高的评价，美可以穿越时间，唯有美的价值是恒久不变的。真正的教育最终要通向这样一个目标，即在变化的时间中寻找确定不变的价值。

2016 年 1 月在苏州"埃尔特"教育沙龙演讲，根据录音整理

美的相遇 傅国涌教育随想录

教育是触摸人类的心灵

古人说，上有天堂，下有苏杭。我就是从另一个天堂（杭州）来到这一个天堂（苏州）。其实，地上并没有天堂，所有的"天堂"都可能成为我们的缠累和困锁。今天我们是在地上谈论教育，不是在空中谈教育，不是谈不着边际的教育，而是谈具有现实感的教育，是脚踏实地的、属于这个时代的教育，是生命中可以体验的教育。真实的教育不是天上掉下来的，而是在地里长起来的。

教育到底是什么？以历史的眼光来看，我以为，教育就是触摸人类的心灵。这个说法很柔软，因为教育本身是柔软的，教育不是刚硬的，教育是要摸着人心的，如果教育摸不着人心，教育就失败了。

教育是一个过程

在探讨教育是什么之前，我想先追问历史是什么，时间是什么。法国年鉴学派的代表人物布罗代尔提出"历史时间"这一说法，他将历史时间分为个人时间、社会时间和地理时间。个人时间属于短时段，中国的历史叙事传统是以纪传体为主体的，《史记》中有大量的个人传记。每个人的一生都很有限，鲁迅生于1881年，终于1936年；孙中山生于1866年，终于1925年；毛润之生于1893年，终于1976年；即使杨绛这样长寿的也不过 105 岁，上帝给人的时间是有限的。社会时间属于中时段，一两百年到四五百年都可以，我们讨论历史的演变，都是放到中时段里来讨论。中国人动不动就讲五千年文明古国，其实中国有文字记载的历史不到四千年，再看印度、埃及、希腊，在讲到这些文明古国时，我们用的是一个长时段的说法，也就是地理时间。地理时间的跨度很大。

朱谦之先生是五四时代的北大学生，对于历史他给出了一个很好的说法，他说历史就是过去的现在、现在的现在和将来的现在。我第一次看到这个说法时眼前一亮，他把历史说清楚了。

历史并不是只说过去，我说完这句话，刚才说话的那个时间就成了过去的现在。如果从这个意义上来说，一切历史都是当代史。历史首先是关于过去的现在，但是现在的现在也会成为过去的现在，还会有将来的现在。人就活在现在里面。如果我们把过去的现在称为记忆，那么现在的现在就是经历，将来的现在就是盼望。人活在这样的链条里，历史就是一个链条，一环扣一环的链条。教育就是在这个链条中发生、展开的。

中国人对时间有很深的认识。中国是一个诗的国度，如果从诗的角度来看，中国流传下来的好诗常常跟时间有关，根据刘若愚先生的研究，贺知章的"少小离家老大回"之所以成为千年流传的名句，就是因为它表达了个人性的时间展望。这是短时段的个人时间。陶渊明有咏荆轲的诗句："其人虽已没，千载有余情。"他讲的是一种时间的历史性展望，荆轲他没见过，中间有千年的跨度，已经从中时段进入到了长时段。"南风吹山作平地，帝遣天吴移海水。王母桃花千遍红，彭祖巫咸几回死？"李贺的诗表达的是时间的宇宙性展望，是一种超越性的时间观念。他里面运用的意象，比如说王母桃花三千年开一次，开一千次要多少年？这不是一个数学题，这个时间已经跨越了物理时间，他只是讲时间很久很久。我们中国人讲故事往往这样开头——很久很久以前，这是一个模糊的漫长的时间概念。

美的相遇　傅国涌教育随想录

这些时间的认知并不清晰，却能引起人的共鸣，因为人都活在时间当中，人类的事情都是发生在时间当中的。因此有了历史，有了教育，有了政治。

所有的一切都是在时间中发生，人不可能离开时间，活在时间的外面，这是我们的起点，历史的起点，教育的起点。

以历史眼光看教育就是一个过程。由此我追问第二个问题：从历史的眼光来看教育，教育是什么？我个人的回答是：

教育就是人类在时间变化中寻求不变价值的过程。

教育就是人类的心灵和心灵相互触摸的过程。

教育就是有限的人类不断地向无限求问的过程。

这不是什么标准答案，而是开放性的，不同的人可以给出不同的答案，我的这些表述只是个人性的。这三句话有一个共同的词：过程。教育不是结果，考一百分也不代表教育的结束，它只是一个过程，是开放式的，是已经发生、正在发生和将要发生的，永远面朝未来。

心灵是教育的真正的目标

如果借梅光迪的话来说：教育就是要理解并拥有一切通过时间考验的真善美的东西。这句话与我的三句话其实是相通的：人类的心灵在时间中指向真善美。刚才说了时间是什么，我可以继续追问：人是什么？《空间的诗学》这本书给出的说法我很喜欢。法国的哲学家巴什拉说："我认为人身上为人所特有的全部东西就是逻各斯（logos）。我们无法在语言之外的领域进行沉思。"

他认为人的本质就是logos，这是希腊的那个概念。老实说，我们对人的神秘性的认识是不够的，我们对人的了解是十分有限的，虽然从轴心时代到现在2500年过去了，人类对自身的认识仍然是非常浅薄的，无法破解人的全部奥秘，就如同人没有办法去破解宇宙的全部奥秘一样，也无法认识人类的全部奥秘。接着,我想问的是:什么是心灵?人的心灵超出了人的肉身,它的丰富性、神秘性都超出了人的肉身。肉身是可以解剖的,但是心灵无法解剖。人的心灵是人最本质的属性。在本质的意义上,人因为有心灵而成为人,而不是因为有肉身而成为人。如果因为有肉身而成为人,那其他的动物都可以成为拥有 logos 的人了。

"对所有的个人来说,世间只有一个共同的心灵……历史是这个心灵的工作记录。……一粒橡子可以创造出一千棵橡树;第一个人类里已经蕴藏着埃及、希腊、罗马、法国、英国、美国了。一代又一代,军营、王国、帝国、共和国、民主国家仅仅是他那多方面的精神应用到多方面的世界上罢了。"

这些话是美国作家爱默生写的,他对心灵的阐释我觉得太好了,他说:"世界万物的根源都在人里面,真正的诗歌就是诗人的心灵,真正的船只就是造船的人。"所以你看见一只船,看见的不仅是那只船,而且是船背后那个造船人和他那颗心。你看见一首诗歌,看见的不只是这首诗,还看见了写这首诗的诗人的心。"少小离家老大回",你看到贺知章的乡愁,他内心的忧伤,内心的感慨,激发了你心灵的共鸣,时间就不存在了。不是说时间真的不存在了,而是时间被超越了,心灵与心灵被打通了。2500 多年前《诗经》里的句子今天我们读出来仍然会觉得很美、很感动。我们跟诗人心意相通,时间也就不存在了。

心灵是教育所要指向的真正对象。教育不仅是指向一个你看得见的人,而且是指向你看不见的那颗心。泰戈尔不仅是印度伟大的诗人,更是思想家、教育家,他创立了一所学校,学生在学校里有充分的自由,可以玩泥巴,可以爬到树上去,他的课堂是与天地相接的。他说:"孩子都喜爱泥土;他们全部的肉体和心灵,如同鲜花一样渴求阳光和空气。他们从不拒绝来自宇宙的要求与他们的感官建立直接联系的持续邀请。"

这句话讲得很深,需要慢慢想才能琢磨明白。他说:"孩子们的潜意识比他们的显意识智力更为积极。……潜意识的认识能力完全与我们的生活合一。它不像一盏可以被点亮并从外部调节的灯，而像萤火虫所具有的那种通过生命过程放出的光线。"

萤火虫这个比喻太精彩了。教育就是要造就无数的萤火虫，而不是造出一盏盏电灯来，电灯没有电不会发光。教育是创造千千万万活的萤火虫，自己内部会发光，自己就是光源、光体。

泰戈尔说："我们的教育宗旨必须是人的最高目的，即灵魂最全面的发展和自由。"还说："教育的目标是心灵的自由，这只能通过自由的途径才能达到，自由就像生活本身一样是有危险和责任的。"我对教育的理解与他的这两个说法是相通的。我们使用的关键词一致，强调的是过程，强调的是心灵，强调的是时间。我从这三个方面来理解教育，教育就是理解并拥有一切通过时间来考验的真善美东西，教育就是要触摸人类的心灵，让人类的心灵变得真善美。

人文教育的滥觞

教育具有实用性，更具有超越性。中国的教育往往在实用性里打转，无论转多少年，都无法转出那个泥潭。

泰戈尔在阐述他对教育的理解时，更强调肉身与宇宙的连接，那就是讲超越性，没有超越性，教育就是匍匐在地上的，是面朝黄土背朝天的，用背朝着天，意味着眼睛只盯着地上，就是实用性，刀耕火种，千年不动。只有面转过来朝天，才具有超越性。但是我们几千年的文明是一种面朝黄土背朝天的文明。

近代以来理想的学校教育大致上提供三个方面的内容：人文教育、科学教育和公民教育。今天我们的学校教育基本上以科学教育为核心，不能说它完全没有人文教育，有，但是不突出，不那么被强调。公民教育有没有呢？好像没有。如果有一点点，也是道德层面的，或者政治层面的，并不是真正的公民教育。

古代的中国有什么呢？无科学教育，无公民教育，只有人文教育。今天中国的教育是行政主导一切，而以科学教育为核心的教育最后降低为术的教育，可以量化的教育，知识的碎片化教育。从这个意义上，如果苛刻地说，中国今天还没有教育；客气地说，今天中国的教育是不完整的教育，或不是终极意义上的教育。当然，完整不是完美，终极不是终结，永远不会有一个时代的教育是完美的，教育永远是开放性的，都在朝向完美的过程当中。但是这个完美永远都不会到来，只能是不断地趋向自我完善。

今天的人对科举制可能有很多的看法，但是我仍然要对科举制给予相当的肯定性评价，它并不是一无是处。因为科举制，中国至少在将近1300年的时间里保持了高水准的人文教育。这个人文教育是从先秦传统里来的，是从孔孟的传统里来的，一直穿过了唐宋元明清。人文教育成为教育的主体，它的背景就是科举制。用科举制来保障良好的人文教育。过去我们对科举制到底考什么一知半解，我也是一知半解。

举几个例子，以清代的三场考试为例。比如1685年会试一共要考三场。第一场考四书文、五经文。第二场是考论、诏诰、表、判语。判语就是给出一个司法案例，你怎么去处理。第三场是考策论，就国家大事，外交、内政，提出你的见解，你的解决办法。这是对一个人全面能力的考量。当然，文章都要写得好，文章写得不好的话，那这一切都成空了。还有，不仅文章要写得好，字还要写得好，有标准的楷书，要工整，要不然就考不上了。那个时代的人文教育和实用教育含在里面，其实对一个人的要求非常高。1793年，还在乾隆"盛世"，这一年的会试，要考四个部分：四书文、试帖诗（五言八韵唐律诗）、五经文（规定每篇文章一部经，考生应该掌握全部的经典，必须用八股形式）、策论。这是1793年，也是英国马戛尔尼使团来华的时间。历史正在变化当中。到1903和1904年考试的内容开始变了，这是科举制被废除的前夜。1903、1904年的会试内容有较大的变动，要考四书义、五经义，但规定文章不许用八股形式，还要考中国政治史事论、各国政治艺学策。中国的人文教育盛极而衰，要应对一个全新的世界格局，需要很多国外的知识，了解地球上发生的事，各国的政治制度。过去的经典教育或者人文教育已经不够用了。

教育的转型就是这时候开始的，以后就不是科举的时代了。一看考试的题目就知道跟不上世界变化的脚步了。用这样的方式已造就不了新人。

1902年，浙江乡试的一道题目是："西国学术导源希腊，其流派若何？学校废兴若何？教育名家孰为最著？宗旨孰优？方今博采良法，厘定学制，试陈劝学之策。"

这已不是原来读四书五经就可以应付的了，读熟唐宋八大家的文集也没有用。这就是时间的变化。在时间的变化中教育也要变化。人没有办法停留在过去的现在，因为你进入了现在的现在，你要朝着将来的现在走去，时间在变，你的心要变，教育就得变，刚性不可逆。

1903年北京会试有一道关于"游学"的题目："泰西最重游学。斯密氏为英大儒，所论游学之损，亦最挚切。应如何固其质性，限以年例，以期有益无损策。"

游学就是留学的意思，斯密氏就是英国经济学家、《国富论》的作者亚当·斯密，当时严复译出这本书（《原富》）不久，大部分中国人都没有读过，连斯密氏是谁都不知道。要他们读了亚当·斯密所论关于留学的好处与坏处，提出关于留学的看法来，这样的题目跨出了传统人文教育的范围。一个新的时代降临了。人类的心灵随着时间的变化，要不断应付这个变化。

以人为起点的新式教育

光靠原来的人文教育已没有办法应对世界上新的变化，这是新式教育出现的大背景。1903 年，京师大学堂已经创立，北洋大学堂已经创立，浙江大学的前身求是学堂已经创立，课堂上开始学英文了，开始睁开眼看世界了。科举就是在这样的大势下于 1905 年被废除的。

新式教育是在 1902 年以后逐渐普及的。科举的废除是因为不适应时代的要求了。1881 年出生的鲁迅一进"三味书屋"，就要摇头晃脑地背诵"秩秩斯干，幽幽南山"。而新式教育一开始是很简单的，以 1912 年《共和国教科书新国文》初小第一册第一课为例，就是一个"人"字，根本与我们传统的人文教育不同，不是一上来就背诵经典，越深越好。

相对而言，从晚清到民国，科举时代到新式教育还算是衔接得不错。许多教科书的编者充分考虑到了孩子的心理。课文往往都是从孩子出发的。不仅从孩子出发，而且还保留了中国良好的人文教育传统，加入了科学教育和公民教育的内容，变成了比较健全的近代教育。我并不想说民国教育是迄今为止中国最好的教育，但无疑是最健康的教育。它至少涵盖了人文教育、科学教育和公民教育。

人就是民国教育的起点，同样是《共和国教科书新国文》第三册第一课，继续强调人。上学就是要认识人、成为人。这篇课文的题目叫《读书》：

学生入校。先生曰：汝来何事？学生曰：奉父母之命，来此读书。先生曰：善。人不读书不能成人。

这些话掷地有声。如果说一年级第一课的"人"是家庭中的人，是在长幼次序当中的人。这里强调的人则是文明社会的人，经过教育成为人。另外国语教科书上有一篇课文也叫《读书》："飞禽走兽，饥知食，渴知饮，又能营巢穴为休息之所。其奇异者，能为人言。惟不知书，故终不如人。人不读书，则与禽兽何异？"两篇课文强调的重点是一致的，就是要通过接受教育成为文明的人。可以说，这些课文都是围绕着人来展开的。在《共和国教科书新国文》初小第二册，有一篇课文："竹

几上　有针　有线　有尺　有剪刀　我母亲坐几前　取针穿线　为我缝衣"。干净朴素，没有废话，没有形容词，却十分生动、传神，让人想起孟郊的《游子吟》。朴素的文章才是好文章。看了这些课文就知道什么是好文章。

在时间中有些东西会消亡，有些东西在退化。人类并不是直线前行，也许科技文明、技术层面是在进步的，但是看语言、看教育等都未必。

《新学制国语教科书》小学第四册，孩子们可以读到一篇关于四季早晨的课文《什么时候好？》（原文见《教育就是与美相遇》），这是 1923年的版本，太美了，太棒了，用这样的方式让人认识自然、认识世界，因为教育最终就是要孩子认识人与人的关系，人与社会的关系，人与自然的关系，人与世界的关系，通过接受教育，一步一步地拓展出一个更大的世界。这样的课文常常可以遇到。

在《新学制国语教科书》小学第八册，有一篇《没字的保荐书》（原文见《小学课本中传递的价值》），这是干干净净的白话文，又是在寻常中出彩的故事，会给孩子留下深刻的印象。

从民国诞生之初，小学课本中就出现了大量有关共和政体的课文。商务印书馆 1912 年出版的《共和国教科书新国文》高小第一册有《共和政体》一文：

> 考共和国之原则，全国人民，俱有与闻政事之权利。惟国中事业至繁，不能人尽与政。故必选举议员，以组织国会。选举总统，以组织政府。议员与总统，既由国民选举，委托以全国之政权。凡属国民皆有服从之义务，而议员若总统尤当念责任之重大，施政方针一以民意为断。治人者，治于人者，各尽其道，则国家未有不昌者也。

用简明的文言把共和政体的原则讲得非常清晰。1917 年出现了教育部审定的第一种公民课本《公民须知》。再过五年公民教科书也问世了，对公民之权利、义务的阐述都十分明白，比如什么叫自由，讲得清清楚楚。简而言之，那个时代的教育就是要让一个人成为人。

叶圣陶之问

1919 年，叶圣陶还是苏州甪直古镇上的一个小学老师，他一生事业的起点就是那所学校，他在《今日中国的小学教育》一文中提出：

> 一棵花，一棵草，它那发荣滋长的可能性，在一粒种子的时候早已具备了。……如今把植物比作小学生，小学教师便是个种植家。
>
> 小学教育是为着小学生的，小学教师是栽培小学生的，我们究竟希望小学生达到怎样的地步呢？

教育就是播种，到底要把学生培植成怎样的人？我把这一问称为"叶圣陶之问"，私见以为，此问要比"钱学森之问"重要多了。钱学森说："这么多年培养的学生，还没有哪一个的学术成就，能够跟民国时期培养的大师相比。"钱老又发问："为什么我们的学校总是培养不出杰出的人才？"这即是"钱学森之问"。其实教育能不能为一个民族提供"杰出的人才"，可能也没太大关系。相比之下，我觉得叶圣陶之问更为关键，是教育到底要培养出怎样的学生。民国教科书的许多课文都在回答这个问题。

《待外国人之道》是《共和国教科书新修身》课本中的课文，我抄一段："及交通既盛，文明大启，始知同为人类，则无论肤色如何，程度如何，皆当待之以道。"

大国风范就是平等待人，不分肤色，不分贫富大小，一律平等。这才是待人之道。《大国民》，从晚清到民国，1904 年以来常常都是小学毕业前国文的最后一课。什么是大国民？——

所谓大国民者，非在领土之广大也，非在人数之众多也，非在服食居处之豪侈也。所谓大国民者，人人各守其职，对于一己，对于家族，对于社会，对于国家，对于世界万国，无不各尽其道。斯之谓大国民。

这是晚清到民国以来，透过小学教科书对于大国民的定位，就是各守其职、各尽其道。

叶圣陶之问，在那个时代是有明确答案的，虽然他要这样问，但在当时即已有答案了，因为教科书上充满了这样的课文。再举一个例子：《国王和牧童的问答》，这是《新学制国语教科书》第八册的课文，根据格林童话改编的。

国王和牧童在路上相遇，国王的仪仗队要牧童让路，牧童不让，说：道路是公共的，你可以走，为什么非得我让你。国王说：好，你明天到我宫里来，我问你三个问题，如果你回答得好，我把王位让给你，回答不好，就治你个犯上的罪。

国王问：什么东西最深？牧童说：人的欲念最深，永远没有满足的时候。

国王问：什么东西最快？牧童说：人的思想一刻千变，思想最快。

国王问：什么事最快乐？牧童说：求快乐要心安，凡是行善的人没有不心安的，所以行善的人最快乐。

国王跳下来说：你回答得很好，我把这王位让给你吧。牧童说：我不要我不要。

有的人认为，此文的重点是中间部分，牧童的回答充满了智慧。有的人认为，重点在前面，牧童面对权势不卑不亢。有的人认为结束最好，牧童面对权势的诱惑，断然谢绝，连用两个"我不要"。我更欣赏这篇课文的结尾。这不符合中国的政治文化。中国的政治文化是彼可取代也，人人心中都有一个皇帝梦，最差的在家里打打老婆孩子，在家里做皇帝梦。人人都想做主角，面对王位，怎么会不动心呢？这个牧童竟然没有动心。这是课文编者给我们看到的那种全新的思路，宽阔而光明。它要传递的是怎样的价值观？一个人如何成为一个人？成为怎样的人？就是成为牧童一样的人，成为一个有尊严的牧童，成为一只有尊严的萤火虫，会自己发亮，哪怕这个光很微弱，但是它是自己发亮，而不是电灯。这是泰戈尔的说法。

从校歌、校训看校园文化

再看看那个时代的校园文化，江苏高邮县立第五小学的那首校歌（原文见《大学教授是先生，小学老师更是先生》），是汪曾祺当年的一个国文老师写的。这样的校歌放在整个民国的中小学非常普通，大部分的学校都有这样的校歌，它们常常从身边看得见的美好景色开始写起，再到"吾校巍巍峻宇"。其实他们的学校往往是平房，很少有楼房，但因为他们在心中以自己的学校为荣，所以都成了"巍巍峻宇""连云栉比"。西南联大的教室矮小，泥地、草顶、铁皮顶，却是真正的大学。一所好学校的定义就是有好老师、好学生和好课程。没有大楼也没有关系，茅草屋也可以，最主要的是有老师有学生，他们才是主体，大楼是他们心中神圣的学术殿堂。最后才讲出春风化雨的道理来。大部分的校歌都是这样写的。

　　雁山云影，瓯海潮踪，看钟灵毓秀，桃李葱茏。怀籀亭边勤讲诵，中山精舍坐春风。英奇匡国，作圣启蒙，上下古今一冶，东西学艺攸同。

这是温州中学的校歌，从我的家乡雁荡山开始写起，到"上下古今一冶，东西学艺攸同"结束。前面的校歌是一个普普通通的小学国文老师写的，这一首是后来大名鼎鼎的朱自清写的。当然朱自清执笔时也是普普通通的初中国文老师而已。我想说明两点：

第一，民国时代多数中小学教师的水平比较整齐，大致在一个水平线上，没有太大的落差。朱自清与汪曾祺的那位老师写出的校歌也差不多。

第二，民国校园文化传递给我们的就是这一派美好的图画。他们的写法一样，都是从身边看得见、摸得着的山水或人文景观开始，然后写到学校的办学理想，教育之旨归。

> 喜胸涤桃浪，眼豁衡云，环洲竹木自欣欣，弦歌不染尘氛。况赢得船山绝学，刚直清标，湘绮雅文，先贤遗教尽沐熏。世变正纷纭，愿诸君作中流砥柱，宏德业，矢公诚，莫问收获，但问耕耘。

这是衡阳船山中学的校歌，衡阳那个地方出过许多大人物，出过王船山、王湘绮，校歌最后指明他们的教育理想是"莫问收获，但问耕耘"。今天是一个只问收获，不问耕耘的时代。这正是我们这个时代的教育，跟那个时代的教育最本质的区分。

那个时代的校歌也有用白话写的：

> 吴淞江呀，你这样美丽光明。洋泾两岸的田呀，你这样的自然和美丽。我们在这里考察、思虑，共作游戏，很感谢你们的美意。
>
> 我们是人类里的一群，人类之花快开了！我们应当快活奋励。我们愿世界：更活动，更光明；更自然，更美丽！我们应当快活奋励！

这是1917年江苏吴县县立第五高等小学的校歌，当时青年叶圣陶在这里教书。我不知道校歌是不是他写的，那个小学能写白话文的老师有好几个。校歌中流露出的那些教育思想，特别是"我们应当快活奋励"，今天听来仍然令人感动。没有一句要叫学生将来成第一的。教育追求的最终目标是每一个人成为他自己，或者换句话说，每个人成为唯一，而不是追求第一。

　　"允公允能"，是张伯苓先生为南开中学定的校训。"诚爱勤勇"，这是北师大附中的校训。"勤、朴、忠、诚"是天津耀华中学的校训。"勤、俭、忠、慎"是莫干山小学的校训。"勤俭"是金克木先生的母校安徽寿县第一小学的校训。我最喜欢中央大学附属小学的校训："诚者自成"。"好学近乎智，力行近乎仁，知耻近乎勇"，是北京汇文中学的校训。"智仁勇恒"，是重庆兼善中学的校训。可以发现这些校训大体上是两个序列，一个就是勤、朴、忠、诚，另一个是智、仁、勇、恒。中国传统的核心价值，就是要让一个人成为这样的人，与普世价值也是相一致的。这两个序列就是那个时代教育所追求的目标。让学生成为有什么样品格的人，才是教育最为关心的，至于将来做不做大官，发不发大财，教育根本不关心。教育是培养一代大国民，是能够各守其职、各尽其道的人，而不是培养身居高位或腰缠万贯的人。教育从来不在乎培养天才，教育从来不关心能不能产生多少个获诺贝尔奖的人，那不过是副产品。教育只关心你是不是能成为一个诚实的人，一个和平耐劳的人，一个智仁勇恒的人。品格是教育指向的目标。如果说科举时代的人文教育以培养状元、进士、举人、秀才为目标，也就是培养社会的中坚——儒家标准的士这个阶层，乡试和会试的题目让我们看到主要考的是对经典的解释能力和治理国事的能力，而民国教育，或者说晚清以来的新式教育最初即是以培养人的品格为第一追求，也就是要触摸人的心灵。

心灵与心灵的相互触摸

　　教育就是人类在时间中心灵与心灵相互触摸的过程。《论语》一开篇孔子说的三句话可以摸着我们的心。特别是第三句，"人不知而不愠，不亦君子乎？"这句话包含了孔子教育思想最核心的东西，一个真正的君子，就是"人不知而不愠"。君子就是君子，蚂蚁就是蚂蚁，性质不会因

美的相遇　傅国涌教育随想录

人不知而改变。我想起鲁迅的那句话，完美的苍蝇还是苍蝇，有缺点的战士终究还是战士。传统教育最终想要造就的就是这样的君子，"人不知而不愠"。现代教育要造就的是大国民，牧童那样的公民，出大名、发大财、当大官都不是教育的目标，教育不关心你是不是成为爱因斯坦，教育培养不了爱因斯坦，爱因斯坦是他自己的天纵之才加后天的努力、各种机缘巧合孕育出来的。教育就是提供常人教育，你面对的孩子是五花八门的，每一片树叶都不相同，所以要把最基本的东西跟他们分享，然后在相互的对话、相互的碰撞、相互的交汇当中产生出神奇来。教育具有可能性，无限的可能性，它充满神秘的地方就在于——在生命能量的交汇中能够点燃出本来没有设计过的新的意外、新的美好。

前两天我在成都跟一批怀有理想的年轻朋友聊天，没想到他们记下来了，题目是《最好的教育就是聊天》，这句话是那天他们请我吃鱼时随便讲的。我说，假如你跟爱因斯坦聊过天，那就是最好的教育。即便你只是跟爱因斯坦一起吃过饭，聊过天，他的生命能量与你的生命能量交换过了，这就是最好的教育。你在孔子那里没有学到一个知识点，没关系。孔子没有教过你任何考试用的东西，但是你有幸与孔子聊过天就够了。虚拟的课堂永远替代不了真实的课堂，教育还是需要面对面完成的，原因在此。老师会流汗，老师会流泪，视频里未必可以看到，视频是冷冰冰的。课堂上有生命能量与生命能量的交换，师生有真实的互动，一个眼神，一个动作，一个神态都可能影响他们的情绪，教师的一句话可能成为某个学生一生的祝福，也可能对学生一生产生负面的影响。

如果你跟某个人聊天，你记住了他的一句话，把他其他的话忘掉了，这句话就是教育。《论语》不都是话吗？苏格拉底的言语，不都是柏拉图他们记下来的吗？这些都是对话啊，都是随意的聊天啊。"人不知而不愠"，就是孔子在聊天中说的话，这是一句多么普通的大实话啊，但是它的精髓就是君子最高的标准，要管中国两千多年的。两千多年中国的基础就是这个阶层，他们是顶梁柱。孔子在"过去的现在"立下的规范要影响中国两千多年，甚至在某种程度上继续影响着"现在的现在"和"将来的现在"。就是因为他在那个时代提出了标准，提出了尺度，提出了规范。说白了，一个最好的老师就是在闲聊中说得出人生宇宙真相的人，他的生命中有很多饱满的东西，他的身上有道德的勇气和责任的承担，他的学问是经过自己深思熟虑，在时间中反复地磨炼出来的。爱因斯坦随便跟你吃顿饭，随便跟你交谈两句，那也不得了。你不要说他的物理学你一点不懂，没关系，我也不懂物理学，但是自从1995年以来深受爱因斯坦的影响，透过与《爱因斯坦文集》主要编译者许良英先生近18年的交往，我领受了从爱因斯坦那里来的生命精神的光照。

《爱因斯坦文集》三卷本，第二本我完全读不懂，全是物理学论文。但是第一卷、第三卷基本上懂，他的专业可以不懂，但是他的人格、品质等精神层面的东西都可以分享。你可能成不了作曲家，你画不出这些音符来，但是音乐家贝多芬扼住命运咽喉的超凡魅力，你可以学习。假如你有幸跟贝多芬这样的人吃过一顿饭，交换过生命能量，你的人生可能就不一样了。所以遇见什么样的老师，或者反过来什么样的老师遇见什么样的学生，都是生命能量的交换。学生和老师都很重要。

我再次想起殷海光先生的那句话："自由的伦理基础有而且只有一个：把人当人。"教育的伦理基础也是这四个字。从人文教育时代到人文教育、科学教育、公民教育并存的时代，教育的伦理基础不会改变，就是这四个字：把人当人。这个"人"就是平常人、平凡人，不是超人、天才。只有常人教育才能成为可持续的教育、长久的教育，成为我们可以共享的教育。天才教育你能共享吗？你不是天才，你也教不了天才。天才也不能通过教育而成为天才，所以教育只是针对常人的。那么老师的重要性在哪里？老师的重要性就是借着教育的平台把生命能量释放给你的孩子们。反过来老师也在孩子们身上吸收他们无限的生命能量。如果你50岁了，面对一群15岁的孩子，你能从他们身上获取什么？青春的气息，那是少年的生命能量。一个女性做老师最大的祝福，就是天长日久总是跟孩子们在一起，因此而变得年轻，不用化妆，直接就年轻了，这叫什么？这叫"气质佳"。从这个意义上，其实教育的奥秘并没有那么深，把它化解以后，教育就是平平常常的教育。课堂也没有那么神秘，就是平平常常的课堂。公开课是用无数的时间反复地打磨、准备，演给大家看，是带有表演性质的。真正日常的课堂是随意、即兴的，可以八卦的，带有极大的随机性，把全身心、把生命投入其中，把你一身的装备都在课堂上随意地释放出来，而不是去设计每一个环节，精确到分秒。在日常课堂中蕴藏着许多可能性，充满无限的可能性，你准备的PPT以外的世界更为高远也更为辽阔，那才是真教育。PPT也许是前一天晚上准备出来的，那不是教育的核心，只是教育的技术演绎。

日常的课堂即便演砸了也没有关系，孩子们非常理解自己的老师。那就讲个笑话吧，讲个故事吧，一下子缓和了。日常的课堂是有生命、有呼吸的课堂，带有相当的随机性，可以有八卦，有故事。我观察民国的教育，有一个很深的感受，最终被学生长久记忆，到老还能记住的并不是哪堂课讲了什么知识，而是老师哪一堂课又神聊了，八卦了。哪一个数学老师在课堂上唱郑板桥的《道情》，他记住了。哪一个英文老师随口来一句唐诗，当场翻译成英文，他记住了。哪一个老师讲了十分精彩的比喻，他记住了。学生真正记住，并进入他生命的东西往往不是知识点，不是考试内容，而是老师的生命跟他的生命产生碰撞，产生强烈共鸣的刹那。

我这样说不是说知识不用了，无知者无畏，不是这样。但是知识是多么有限，而生命是多么丰富和无限。孩子有更多的可能性，充满了朝向未来的可能性。你把更多的可能性给他，教育在你手里就变成了一个神秘的磨房。从这个意义上来说，一个人一生有机会做老师，真是一件伟大的工作。但是今天正在变得越来越不伟大，因为它变成了量化考核的指标。

一个人如果活在量化、考核体系里面，按部就班地做教师的工作，他的职业生涯一定充满了痛苦和不适应。一个老师应该有自己特别的业余爱好。你的业余爱好就是你人生最重要的部分。你业余喜欢打麻将、打扑克，还是看电影、旅游，或者是看书、交朋友、钓鱼，决定了你会成为一个什么样的老师，你的课堂是什么样的。是业余的决定了职业的，不是反过来。业余才是你的本质。因为你真正喜欢什么，你才会去玩什么。甚至可以说，你的业余是什么，你就是什么人。一个人的课堂，也常常是他的业余生活成全的。最近我遇到一件事，有人叫我帮忙，拿出十部电影对应十个关键词：勇气、责任、仁爱、和平之类。我告诉他：对不起，我看的电影太少了，想不出来。他说：那就文字的吧。文字的可以考虑。因为我看的电影太少了，我的业余生活当中没有看过大量的电影，从我的记忆库里就筛选不出对应这些关键词的电影来。人的业余爱好可以反过来成全你的职业生涯。一个老师最应该看重的是你的八小时以外，还有双休日、寒暑假，这是你最核心的时间，是成就你一生是否幸福的根本。

从这个角度说，课堂不是最主要的，课堂是由你的业余决定的。这就是放在"把人当人"的伦理基础之上说的。把人当人，当然包含了把老师当人。首先是人，然后才是语文老师、数学老师、英文老师。

丰子恺先生有一幅漫画："儿童不知春，问草何故绿。"我们在画面上甚至没有看到老师的面容，只看到了倒背着手拿着书本的老师的背影，但是我们知道杨柳树下，青草地上师生的互动，师生的问答，这就是最好的教育。说来说去，教育无非是一种问对，是对话，是互动，是生命能量的交换，没有太多的高深莫测之处。但是在这样的交换当中，老师与学生彼此都得到了祝福。

这不仅是漫画家的虚构，我曾见到一幅真实的老照片，在山东临沂，那是日本入侵，许多城市沦陷之后，这里同样有柳树、草地、老师、学生、课堂。即使在这样的环境下，教育照样可以展开。师生才是教育的主体，大楼、教室这些硬件是辅助性的。老师和学生一样重要，学生的眼神可以激发你生命的灵感。讲台需要下面充满了求知渴望的眼睛，这样才可以激发你的生命力量。教育就是彼此成全，虽然老师的知识比学生的多，但是很多的小学老师，一生都是小学老师，这不要紧，因为在你手里有无数的孩子长成了参天大树，你一生都是一棵默默无闻、不高也不大的树，但是很多的树是你孕育出来的，是在你这里熏陶过的、浸染过的，你同样实现了你的价值。人的存在就是一个价值体现，实现了你的价值，就是完成了你自己。

中国人老是说一句话：水往低处流，人往高处走。我把这句话反过来：人往低处走才是更重要的追求，更值得追求的追求。人往低处走，不再追求功名利禄，这个人在心灵上就强大了。孔子曾是"丧家之犬"，苏格拉底被判了死刑以后，喝下了毒药。他们都没有成为风光无限的人，却成为了世界教育的起源。我深信人类最本质的追求是心灵，教育就是触摸人的心灵，是人类在时间中心灵与心灵的相互触摸，是理解并拥有一切通过时间考验的真善美的东西，而不是其他。其他的一切都会随风而去，都会在时间中化为废墟，化为灰烬，连身体都要被烧为骨灰。相信自己，我们就是一个过程。我们不是最初的，我们也不是最终的，我们是过程。相信教育是一个过程，与孩子们彼此成全，相互祝福；与老师们彼此成全，相互祝福；与这个时代彼此成全，相互祝福。不要问中国往哪里去，首先问你往哪里去。你往哪里去是你可以决定的，中国往哪里去，你决定不了。但是你往哪里去了，中国就有可能往哪里去，因为你就是中国的一部分。

2016 年 7 月 12 日在"佰特公学"讲，根据录音整理

民国小学课本中传递的价值

一

　　一个时代的课本，特别是小学课本代表了一个时代的基本价值，国文、历史、修身（公民）这些课目尤其显著。北洋时代，政府没有介入课本的编辑出版和发行环节，小学课本是由民营的出版机构提供的，其中最具竞争力的是商务印书馆和中华书局，其次有世界书局、大东书局等，等到1926年开明书店诞生时，北洋时代已接近尾声。

　　辛亥革命风暴乍起，中国由帝国突然进入民国，令当时中国最具实力的出版机构商务印书馆措手不及，原来的教科书跟不上时代的变化，从商务印书馆出来的一班人早就准备了一套应对变化的课本，创办中华书局，抢占了先机。商务印书馆迅速赶上，推出《共和国教科书》，仍然占据着庞大的市场份额。在那个时代的小学课本中，商务印书馆的版本从《共和国教科书》到《新学制教科书》，具有典型性，其中传递的价值也可以看出那个时代的趋向。

　　中国还是一个农耕社会，工商业初兴。从《共和国教科书》许多优美的课文，都可以看到日出而作，日落而息，四季变化，万物更替，一派乡村生活的平静。

　　《共和国教科书新国文》第二册第十六课：

有农夫　住山下　编茅为屋　编竹为篱　日初升　荷锄出　日将落　荷锄归

第二十八课：

北风起　大雪飞　登楼远望　一片白色　雪止日出　檐溜成冰其形如箸

第三十六课：

小园中　梅花开　我折两枝　插瓶中　置案上　瓶中花香　时时入鼻

《共和国女子新国文教科书》第一册有课文：

夕阳红　好风来　柳荫中　燕子飞　庭中花　先后开　木笔紫　海棠红

第三册有《乡村》：

乡间农家　竹篱茅屋　临水成树　水边杨柳数株　中杂桃李飞燕一只　忽高忽低　去来甚捷

　　这是小学生初入校门接触到的课文，与此相关，许多课文都在传递千年不易的充满人性温暖的价值观。到了第四册，舟车、电报、电话等近代的事物，就会逐渐进入他们的视野，就说车吧，汽车、电车、脚踏车都已出现。在这些课文的背后，我们可以看到一个转型中的社会正在新旧交替当中，工商业文明的嫩芽已在这块古老土地上抽出来了。课文可以带着孩子们睁开眼认识一个新的世界。在器物之外，尤其在制度层面，从帝国的漫漫长夜中刚刚出来的孩子，将在课本中接触到与古老的三纲五常截然不同的新价值，在一个老帝国更新的过程中，小学课本起着难以想象的巨大作用，也许它的作用不是立竿见影的，却是潜移默化、润物无声的。

1912 年 4 月，商务印书馆就在报纸上刊登广告《新编共和国教科书说明》："……民国成立，数千年专制政体一跃而成世界最高尚最完美之共和国。政体既已革新，而为教育根本之教科书，亦不能不随之转移，以应时势之需要。东南光复以来，本馆即将旧有各书遵照教育部通令大加改订。凡与满清有关系者，悉数删除；并于封面上特加订正为中华民国字样，先行出版，以应今年各学校开学之用。更联合十数同志，日夕研究，本十余年编辑上、教授上之经验，从事于教科书之革新，博采世界最新主义，期以养成共和国民之人格。……现小学各书大致粗具，陆续发行。"

"养成共和国民之人格"，成为这些课本的首要目标。所以，从《共和国教科书新国文》初小第四册起，《大总统》《自治》《共和国》《平等》《自由》《法律》《行政》《司法》等课文都陆续出现了。在《待外国人之道》中提出："及交通既盛，文明大启，始知同为人类，则无论肤色如何，程度如何，皆当待之以道。"这是一种崭新的国民意识，有了面向世界万国的朝气。

《共和国教科书新国文》高小第一册第一课《国体与政体》，以简明的方式将国体、政体问题告诉小学生，使他们明了专制与民主的区别。第二课是《民国成立始末》，第二十三课是《共和政体》，强调指出共和国的原则，全国人民都有参与政事的权利，通过选举议员组成国会，选举总统以组织政府。《共和国教科书新国文》风行多年，印刷版次超过 2560 次。

与此同时发行的《共和国教科书新修身》，编辑用意在于"养成共和国民之道德为目的"，注重独立、自尊、爱国、乐群等价值。初小八册，从看图说话步步深入，举凡守信、勇敢、正直、信实、宽厚，以及选举、尊重名誉、博爱、爱国、平等、自由、好国民等，已包含共和国民必需的现代价值。《平等》一课开宗明义即说："共和国无君主、无贵族，人民不分阶级，凡权利义务一切以法律为断，不相侵犯，此之谓真平等。"《自由》一课直言自由即天赋人权，自由以不侵犯他人之自由为原则。高小第二册又有《自由》一课，说得更加清晰：

> 人类者，天赋以自由权者也。有身体之自由，有思想之自由，有信仰之自由。
>
> 身体自由者，苟不犯罪，无论何人，不能拘束囚禁我之身体。思想自由者，若言论权，若出版权，若著作权，皆为我之所有，他人不得侵犯。信仰自由者，我所信仰之宗教，不能以国力强制之。夫以国体共和，吾人可益伸张自由之权。然自由者，固以法律为范围也。
>
> 要之，吾人自己之生命财产名誉，固当贵重，而尤不可妨害他人之生命财产名誉。妨害他人者，即轶出于法律之外者也。

《共和国教科书新修身》高小共六册，从道德、求己、自助、不畏难、清洁、职业、戒贪、自省、节用到自由、平和、人道、宽容、博爱、人权、人格等，《人权》一课很可能是首次在小学课本中如此简明扼要地提出这个观念：

> 人权者，人人所自有，而非他人所能侵损者也。析而言之，有对于公众之权，有属于个人之权。
>
> 组织社会，参与政治，选举议员，举吾学识之所及，皆得发布于外，以求有益于人类。此人权之对于公众者。
>
> 信教自由，营业自由，生命自由，财产自由，意志所在，即权力所在，非他人所得干涉。此人权之属于个人者。

商务印书馆的这套《共和国教科书》出齐共 65 册（包括中小学），总共发行了七八千万册，对那个时代的影响之大可想而知。中华书局推出的《新制中华国文教科书》，也有《大总统》《中华民国成立记》《国体之别》《政体之别》《共和国民之自治》《共和国民之责任》《共和政治》

等课文。这些课本传递的价值是一致的，都是以造就共和国民为目标。

袁世凯称帝前，对这些小学教科书表现出的不满，恰恰证明了其影响和代表的方向。在 1915 年冬天，当局曾下令修改教科书，删除《自由》《平等》等课文。商务印书馆将"共和国教科书"更名为"普通教科书"，就是因"共和国"犯禁。主事的张元济在与朋友、同事的通信或日记里，曾为此发愁，所幸袁氏称帝迅速失败，民营出版业主导教科书的时代得以继续。

二

1920 年 1 月 12 日，北洋政府教育部代理部务的次长傅岳棻签发 12 号训令，同意全国教育会联合会关于推广国语，以消除文、言分歧，以期二者一致的建议，令各省教育厅京师学务处，本年秋季起，凡国民学校一二年级先改国文为语体文。自当年 7 月起，商务印书馆出版的《新法国语教科书》不单国语，也不止一二年级，所有年级都采用语体文，还加上了新式标点，生字加注音字母。其他各科也是。1919 年，还在教育部发出这个训令之前，商务印书馆就已着手在编"新体国语教科书"，也就是说，当舆论还在为白话、文言争得不可开交时，这家占有中国最大的教科书市场的出版机构，已在悄悄准备白话的教科书了。"国文"改成"国语"，只是语言表述形式的变化，更值得关心的仍然是这些课本要传递给小学生什么样的价值观。那是个上层政局不稳、政潮涌动、派系角逐、主义纷纭的时代，然而就在一片乱哄哄当中，却为那一代投身出版和教育的知识人留出了一个空间，可以按照自己的意愿埋头编撰超越政争的教科书。他们的努力似乎无关于时时风云变幻的政局，而指向更长远的将来，他们意在为一个尚未存在的新社会造就新民，不汲汲于眼前所见的。他们认识到自己承担的责任之重，丝毫也不敢大意。

1921 年 9 月 21 日，美国教育家、哥伦比亚大学教育学院院长孟罗访问中国，张元济和英文部主任邝富灼前往北京饭店拜访，说中国的教育改革已有 20 年，没有成效。"今世界大势变更，我国教育未上轨，不能不急图改良。本馆教科书约有七成供全国学生之用，自觉责任甚重，愈觉兢兢。"

他们之所以用心编教科书，正是要开启民智，这一用意自晚清以来就没有变过。这一年，商务印书馆初版的《新法国语教科书》，以初小第八册为例，有《人民的权利义务》《公共的念头》《地方自治》《公民、公权》《选举》《三权》《学生自治》《国民外交》等课文，启蒙意识很浓，但是趣味性不够。到 1923 年出版的《新学制国语教科书》就充分考虑儿童的接受能力，贴近他们的生活和心理。从第一册第一课"狗，大狗，小狗"开始，到处都是"狐狸想吃肉""狐狸怕狗""蚂蚁搬米""猫的宝贝""喜鹊与乌鸦"这样的课文，被有些人讥为"猫狗教育"。实际上，许多还是充满寓意的。比如《公鸡的脸红了》：

> 公鸡知道鸽子出去了，到鸽笼里去吃米，鸽子从外面回来，看见公鸡在他的笼里，忙问他说："你在这里做什么？"公鸡给米梗住了喉咙，说不出什么；心里一急，脸就变红了。

初小第八册有一课《没字的保荐书》：

> 某商人要招一个伙计，在报纸上登了个广告，不到几天，拿着保荐书来报名的，一共有几十个，商人却选中一个没保荐书的，其余有保荐书的统统不取。

> 人家问商人："这人没有保荐书，你为什么取他呢？"商人说："这人怎说没有保荐书！他的保荐书很多哩：他进了我的屋子，就轻轻的把门关上，那是他小心谨慎的保荐书了；我把话问他，他回答得很明白，很正确，那是他诚实有才干的保荐书了；他坐在椅子上，看见一个老头子进来，赶忙站起让座，那是他恭敬有礼的保荐书了；并且他的衣服鞋帽很干净，手上也不肮脏；他有这许多的保荐书，怎么还说

没有呢？不过人家的保荐书是有字的，他的保荐书是没有字的罢了。"

这样的课文娓娓道来，胜过了许多干巴巴的说理，是滋润人心的好课文。也是第八册，有《百年一觉》的课文，有人于 1923 年 9 月 1 日睡了一觉，醒来是一百年后，一切都变了：

> 那大宗的人民遗产，都给公家办了实业，没事的人，都叫去作工；因此街上的闲人，一概没有了。每人至少要读六年书，因此人人都有很高的普通学识，都明白道理；犯罪的人没有了，监狱也废去了。国内既是这样，国外也大家爱和平，讲法律，因此没有冲突和战争；警察和军队，完全用不着了。

当然，今天重新审视这个梦，或许会有另外的感慨。但不得否认，这样的课文，放在那个时代还是有棱有角的。

自 1922 年起，修身课取消，初小改为社会课，高小改为公民课。国文课原来担负的公民教育功能更多由公民课直接去承担了。所以，与公民权利、人格铸造有关的课文在《新学制国语教科书》中减少了。但是体现人的尊严、人性美好，针砭人性丑陋的课文也是时常可见，与公民教科书相呼应。

李泽彰、王云五等编订的《新学制公民教科书》第一册涉及会场规则、小公民会、乡自治等；第二册包括职业、爱美、尊重别人的权利、市自治、县自治、公共心、选举适当的人、社会领袖、国家、法律、法治精神等；到了第三册，包括省议会、国会、选举权、选举票和选举手续、代议制度的精神、人民的资格、人民的权利、人民的义务、我国的领土、我国的主权、大总统、国务员、法院、审计院、政党、好政府等。

在一个长期奉行官本位的民族，公民教科书却在《职业》一课告诉小学生：

> 我们从前的观念，以做官为荣，因此，一般人都以为官吏是最

尊贵的职业。我们应当打破这种旧观念，要晓得，一切有益于社会的职业都是一样的尊贵。

《法治精神》一课在举了人治的例子后如此解释：

> 民国成立后，我们有了国会，国会里的议员，都是人民举出来的代表，所有的法律，都应当由他们议决，再请政府公布施行。照这样规定的法律，就格外有力量，不是一个人或少数人所能变更或废止的。无论政府人民，都要受法律的拘束，都要得法律的保护。这就叫做法治。我们要维持这制度，必须人人具备法治的精神。

"新学制教科书"在北洋时代的后期曾被全国广为采用，那个时代的小学生从这些课文中接收到的信息，是充满了政治文明的新空气的，其中没有什么高深学理，无非是人类文明发展到 20 世纪逐步形成的一些基本常识。那些与古老帝国隔膜的新概念、新常识，透过这些浅显、明白的课文渐渐地进入了正在成长的孩子心中。如果能持续下去，一个民族在这样的常识中浸润久了，思考问题、行事为人自然而然就会正常，一个合乎常识的常态社会也就会出现。

我深知，认识一个时代可以从不同的视角进入，时过境迁之后，从单一的视角去看一个时代，看到的往往只是一个侧面，而不是完整的时代面貌。由小学课本，何况我只是选取了商务印书馆出版的国文（国语）、新修身和公民几种课本来观察那个时代，从中看到的诚然不是那个时代的完整形象。但是，这个侧面或者说这个角度仍然是重要的、不可忽略的。权力舞台上的演出醒目、扎眼，容易被更多的人看见，那些默默地躺在历史角落里的旧课本早已被遗忘，仔细想想，这些课本难道不同样是构成历史的一部分吗？那些用心编课本的人们，在更长远的时间尺度里，他们的贡献将更被凸显出来，这些课本也将在时间中重新被认识，特别关键的是课本传递出来的价值。

百年前的小学生作文

　　读阮毅成先生的《八十忆述》，他在小学时代留下的一篇作文吸引了我。他生于 1905 年，幼时在江苏兴化上过私塾，1917 年随伯父——当时有名的律师阮性存到杭州，考入杭县县立第二高等小学。小学时代的老师，给他印象最深刻、影响他最深远的是两位国文老师：教他写白话作文的张元孟先生，教他写文言文的赵敏栽先生。赵是前清的秀才，不但讲解精详，改作文也十分用心，有眉批，有总评，有圈点。而且每改一字，必说明原因，如果他下次也没有注意，先生就会说："我对不起尊大人。"直到晚年他还保存有当年的作文簿，并录了一篇在书中。这篇作文题为《民为贵》，只有短短三百余字：

　　处今日共和之时代，莫不曰尊重民意矣。若战国时代，国君好行专制，大权在于一人，人皆知有君，不知有民矣。君之视臣如土芥，君之视民，更犬马奴隶之不若矣。惟民贵之说，孟子能首倡之。亦谓国无民，何以为国；君无民，何以有君。国祚有短长，而民意无盛衰也。国运有否泰，而民志无变迁也。是以国政有改革，而民气初无常变也。斯民也，三代之所以直道而行也。书泰誓曰：天视自我民视，天听自我民听。今而知天心，即民心也；民意，即天意也。国以民为本，社稷亦为民而立，谁谓民不当贵哉！然而国家既眷念斯民，而人民何以报答夫国家？果其蒿目时艰，为士民者，必先立志。不存苟安之意，不为无用之学。研求政法，可以利济夫苍生。探讨科学，可以裨益夫社会。开士民之风气，备国家之任使。藏器待用，固人民之素志也。经济匡时，亦人民之愿望也。人能若是，庶几不愧为共和国家之国民也欤！

他曾出任浙江大学、台湾大学法学院教授，有法学著作存世，也有丰富的从政阅历。他在作文簿中任选的这一篇，只是想说明当时对国文教学的重视与小学生的国文程度。我从中看到的却是那个时代小学生的大关怀，口气中露出的不仅是老到，更有"共和国家之国民"的担当、责任意识。一个十多岁的孩子，就关心"民为贵"这样的大题目，不管是出于老师的命题，还是学生自己的选题，都让人心生感慨。他不是一般地阐述孟子的"民为贵"旧说，而是放在新的共和时代背景下，思考这一古老的说法。作为一个小学生，他还没有能力展开长篇大论，但在短小的篇幅中，他已触及许多有价值的方向。言虽短，意甚长。

阮毅成此文不是一个个例。生于1904年，曾多年任清华、北大、西南联大外文系教授的叶公超，也保存了一本于南开小学就读时的红格子作文簿。其中一篇作文《论团体之精神》，虽老师点评："劈头破题，一针见血，惜哉而血不多！"但所论之问题也甚大。翻开《周恩来早期文集》，比他们年长一些的周恩来（生于1898年），小学和中学时代留下的多篇作文，也都与此呼吸相通，比如1914年9月的《爱国必先合群论》、1915年的《共和政体者，人人皆治人，人人皆治于人论》，后一文是对孟德斯鸠有关共和精神的阐述。

他们虽处少年时代，落笔之际却不忘国家社会、人类福祉，议论常溢出个人生活的范围，超过了年龄的限制，其气度、格局都有大国民风范。在白话文普及之前，这些用文言写下的作文传递的已不是古老的传统价值，而是包含了许多新思想的萌芽。我想起那个时候的小学生课本，关于共和、国民之说，在国文、修身等不同课程中都有，被学校广泛采用的商务印书馆出版的《共和国教科书新国文》高小第四册有《大国民》一课（沿用的是晚清《最新国文教科书》），很好地回答了什么是"大国民"："所谓大国民者，非在领土之广大也，非在人数之众多也，非在服食居处之豪侈也。所谓大国民者，人人各守其职，对于一己，对于家族，对于社会，对于国家，对于世界万国，无不各尽其道。"

那个时代的小学生笔下关怀之大，立言之高远，毫无疑问与教科书的熏陶有关，与那个时代的氛围有关。一时代有一时代的教科书，一时代有一时代的教育，一时代有一时代的风气，由此陶铸出来的一时代的学生，诚然因个人性格、选择、机遇之不同，所走道路乃至个人命运也各不相同，但他们身上仍深深地打上了相似的时代印记。由小学生的作文看一个时代，只是以管窥天，却也未尝不是一个有意思的视角。

2016 年 3 月 14 日

呼唤人的教育

——读《沙坪岁月——重庆南开校园回忆录》

大约 2003 年上半年，在一次关于中学教育的座谈会上，一位叫蔡朝阳的青年教师直言不讳地指出，没有什么素质教育和应试教育之分，有的只有"人的教育"和"非人的教育"之别。一句话就击中了要害，抓住了当今我们教育中存在的最大症结，即人的教育的缺乏。（本文完成后，我在 5 月 13 日的《人民日报》上看到文章，也在讨论人的教育的缺失。）包括重庆南开中学在内的老中学之所以成功，就是因为它们最大限度地实施了人的教育，孜孜以培养有爱心、有尊严感、关怀社会、有独立思考能力的人，而不是有用的工具或机器为教育的最终目标。（我不同意《沙坪岁月》将南开校园称作"人才摇篮"的提法，所谓"人才"这个概念本身就是值得商榷的，将人当作"才"，分成三六九等，让我情不自禁地想起庄子笔下那棵百无一用、得保平安的老树来。）用爱因斯坦的话说："用专业知识教育人是不够的。通过专业教育，他可以成为一种有用的机器，但是不能成为一个和谐发展的人。"老南开中学就提供了这样一个无法替代的活的先例，近 200 位曾在沙坪坝求学的莘莘学子如今都已白发苍苍，他们的回忆在相当程度上复活了一个时代的记忆，那是一个已飘逝的传统，但在他们的生命深处却留下了永远也抹不去的印记。张伯苓校长、许多任课老师、同窗学友的音容笑貌，那些一辈子都忘不掉的课堂，那些热烈的课外生活，沙坪校园的一草一木，每一个生动的细节几乎都已化入他们的血液，融汇为他们人生中最重要的养分。我为这些远去的历史感动着、温暖着、滋润着。

南开的校训是"允公允能，日新月异"。抗战胜利后的那个秋天，举行了一次作文比赛，题目是"论述南开精神"。一位高一学生突然想到南开精神就是五四精神，"允公"就是"民主"，"允能"就是"科学"，"日新月异"就是破旧立新，他"越想越激动，字迹潦草，墨迹斑斑，卷面肮脏"，结果竟获得了第二名。一丝不苟的喻传鉴主任亲自找他谈话，问"你知道你写得这样乱为什么还得第二名吗？""就因为你论述南开精神有独到之处，……可见你肯于思索，有头脑……现在的中国就是需要民主、需要科学啊！"这不仅是鼓励学生独立思考的一个例子，也是无时不在实行教育的证据。作为人的教育不可或缺的重要组成部分，公民教育的特点就是开放、多元、兼容，允许自由讨论，学校里并排张贴着国民党的《中央日报》与共产党的《新华日报》，学生可以对照着看。高年级学生经常对各种思想观点开展讨论，"而老师绝大多数并不搞政治化的说教"。1943 年 1 月，这些年轻学子曾就真理标准展开过一场无拘束的讨论。在每周的周会上，学校经常会邀请持各种不同观点的社会名流来演讲，周恩来、冯玉祥、马寅初、孔祥熙、何应钦、陈立夫、孙科、翁文灏、王芸生、王云五、胡政之、老舍、曹禺以及访华的美国副总统华莱士等都在其中。"在那个讲台上，你能获得不少虽然零碎但却是课堂上没有的知识。你也可以听到各种不同的声音。"

时事辩论赛也是南开的家常便饭，"战争促进抑或毁灭文化？""世界持久和平能否实现得了？""第二次世界大战谁胜？"……让一位女生永生难忘的是，高二那年她参加全校男女生两部举办的一次辩论赛会，题目本来是一件生活琐事，张伯苓校长散步时偶然看见海报，说没出息，什么时候了，净辩论这些小事。当夜题目就改成了"美国是否应该参战？"其时离珍珠港事件爆发、美国参战已不远。无论他们的翅膀多么稚嫩，他们的思考多么肤浅，他们在校园里获得的这些训练，对开阔他们的视野、培养他们的世界眼光，终将产生深刻的影响。

结社、演出、办壁报，这一切都是自发的，是他们兴趣、才华、理想的萌动，活跃了他们青春的生命，使他们在实践中学会表达，学会独立思考。校园广场上到处张贴着他们自办的壁报，内容五花八门，既有探讨人生的，也有关怀国事的，《健报》《公能报》《曦报》《晨钟报》《野猿报》以及以"民间报纸"（区别于班报、校报）自许的《翔翎报》等竞相争妍，他们甚至通过各种渠道亲自登门采访邵力子等政要。经济学家茅于轼读高三时，也曾和几个同学一起办过一个名为"旁观者"的英文墙报。

作为一所著名的私立中学，南开学子中有不少国民党政要的子弟，但他们在校园里未受到任何特殊待遇，他们也从不拿自己的家庭背景在同学之间逞威风，一样穿校服，一样吃食堂，这也是学校的规定。唯一特殊的是在办壁报时，高一学生王次五曾利用特殊身份直接采访他爸爸（外长）王世杰，写出了像模像样的独家专访。

操场上更是南开学子们自由驰骋的场地，每天下午三点半，所有学生都要走出课堂，融入火热的课外活动（主要是体育活动）中，如果学生偷偷躲在教室里做功课被发现的话，要立刻记大过一次。对体育的重视已成为南开的特色之一。

当然，南开对美育和锻炼动手能力的技艺活动也很重视。音乐教室里，音乐教师阮北英几乎是不分昼夜地教每个班、每个组，从中国民歌、抗战歌曲直到西洋古典乐。1980年代，当几个60岁的学生在80多岁的阮老师面前，流着热泪唱起他从前教的歌时，已经几十年没有听过这些歌的老师激动地哭了。

在学业的传授上，南开的老师更有独到之处，不拘泥于本本，没有成见，往往没有现成的框架、整齐划一的答案。一位同学作文开头第一句写道："远远的东方，太阳正在升起。"国文老师陶光在"的"字后面加了个逗号，变成了："远远的，东方，太阳正在升起。"这样的作文课堂讲评是能让学生终生获益的。南开中学自编的国文课本，首席语文教师孟志荪是主编之一，蒋介石所喜欢的王阳明的文章一篇也未能入选，曾国藩家书也只选了一篇。顺便说一句，蒋介石几次来看望张伯苓，也"未闻校方出来组织三呼万岁之类的举动"。在权势面前不卑不亢，保持学府尊严，这些都显示了老南开中学傲然独立的精神气质。

南开校友中有近40%的人从事与化学有关的事业，就是因为化学老师郑新亭的启迪，他常对学生说："科学领域内现在仍不为人知的东西很多很多，任何一个问题都够你研究一辈子的！"他的课更是深入浅出，生动活泼，而且与日常生活紧紧联系在一起。学生又怎么忘得了他讲醋酸铅具有甜味的性质时所举的例子："在家乡小孩摘吃没有熟而酸涩的梅、杏时，往往偷来母亲、姐姐的铅粉抹在梅、杏上，梅、杏就由酸变甜了。"

老南开在莘莘学子的心田中种下的绝不只是知识的种子，而且植入了最朴素的科学精神和民主精神。从本质上看，南开的教育就是培养、鼓励、激发学生的个性、创造性。比课堂上传授知识更重要的是，学校和老师总是千方百计地给他们创造一个开放、包容的成长环境，使他们获得身心健康成长的必要条件，从而作出自己的选择。一个人的青少年时代有幸在这样一个环境中熏陶过、历练过，无论走到哪里，他都会驻足回望，这是什么样的专业化教育都无法比拟的人的教育。也只有那样的南开才不会将升学率、考试分数作为绝对指标，把这些当作衡量一个学生优秀与否的唯一尺度，所以才会发生这样一幕：

物理老师魏荣爵在南开的教学水平之高、教学态度之严谨都是有口皆碑的，绝不是不负责任胡乱评分的人。1941年毕业的谢邦敏富有文学才华，是孟志荪的得意弟子，但数理化成绩不佳。毕业时考物理交了白卷，他即兴在卷上填了一首词。魏荣爵评卷时也在卷上赋诗一首，送分六十，使这位学子顺利毕业，并考入西南联大法律专业，后来登上了北大讲坛。

正是有了一代教育家张伯苓那样的校长，有魏荣爵、郑新亭、孟志荪等一大批优秀、负责的教师，即使在烽火连天的战争岁月里，重庆南开中学也始终保持着高水平的教学质量，继续弘扬以激发、培育而不是扼杀每个孩子个性和创造性为核心的办学理念，最大可能地践行了人的教育，成为民族危亡时期弦歌不绝的摇篮之一，以其无比生动的实例书写了中国教育史上耀眼的一页。时隔半个多世纪后，《沙坪岁月——重庆南开校园回忆录》的出版不仅复活了这段历史的记忆，难道不也是在呼唤人的教育，再度在我们生身的这片大地上扎根、开花、结果吗？

刘鹤守编《沙坪岁月——重庆南开校园回忆录》，中国文联出版社2003年10月出版

大学教授是先生，小学老师更是先生

> 西挹神山爽气，东来邻寺疏钟，看吾校巍巍峻宇，连云栉比列
> 其中。半城半郭尘嚣远，无女无男教育同。桃红李白，芬芳馥郁，
> 一堂济济坐春风。愿少年，乘风破浪，他日毋忘化雨功！

小说家汪曾祺在苏北高邮长大，他一辈子忘不了小学的校歌，他更
忘不了这首校歌的作者——五年级时的国文老师高北溟先生和其他老师
们。在西南联大与沈从文等老师相遇，使他得以走进文学的天地，但小
学老师对他生命的影响也许更为深远，乃至成为他小说的主角。

金庸以武侠小说风行当世，更大的成就是在香港创立《明报》，不善
言辞的他喜欢以纸条治报，凡事都写纸条给下属，这是其中的一张：

> 本报不要用"若果"，这是广东方言，不是正统的普通中文。本
> 月十七日我写的社评中，两个"如果"都给改作了"若果"，心想因
> 为我草书的"如"字，校对先生以为是"若"字之故。以后一般文
> 章中都不要用"若果"……

当年他在浙江海宁袁花镇上小学，五年级的国文老师兼班主任是陈
未冬先生，因为他在作文中总是将"大都"写成"大多"，陈老师翻出
《辞海》，给予指正。陈老师还让他主编级刊《喔喔啼》，他自述："数十年

来编报，老师之指点，固无时或敢忘也。"60年后，师生重逢，他还提到当年的错字，老师不禁大笑，说牢记错误是求得进步的要诀。

　　小学在一个人的生命历程中占有怎样的地位，也许因人而异，但可以肯定的是，少年时代在求学生涯中最为宝贵，此时遇到的老师很可能影响人的一生，这是启蒙的时光，真正是一张白纸，可以画又新又活的图画，具有极大的可塑性。金庸、汪曾祺在以后的日子继续求学，出版家范用、作曲家周大风、学者金克木等人只读到小学毕业，他们在各自领域的成就固然是依靠自学、自我摸索，但当他们一次次地回忆小学生活时，无不对早年的老师充满感恩，老师打开了他们最初的视野，激发了他们的兴趣，开启了他们通向未知世界的通道。在他们心目中，那些先生的形象永远是活的、具体的。

　　钱穆、叶圣陶等人都曾经长期做过小学老师，这个经历构成了他们人生中极为重要的部分，或者说他们就是从小学老师开始展开绚烂的人生的。钱穆在登上大学讲台之前，多年在无锡一带的小学任教，还做过小学校长，他晚年最怀念的就是那些岁月。他说争取到了学校行政、课程编排的绝对自由，体操唱歌课与国语课同为全校师生每天的共同必修课。他亲自教作文，将作文与生活融为一体。他带学生到郊外听松涛，在走廊上看雨，让学生各讲故事，如此一来，学生认为作文为日常人生中一乐事。仅仅半年，四年级学生都能写出像样的白话文来。

　　1917年春，叶圣陶到苏州水乡古镇甪直任教，在这里，他和其他老师一起自编各种课本，创办生生农场、利群书店、博览室，造礼堂，建戏台，开同乐会、恳亲会，辅导学生自编自演话剧，组织学生远足旅行。那几年，他充满了希望、快乐。并不是物质上的丰裕（在学生的记忆中，当时他的薪金不多，布衣布鞋，粗茶淡饭），而是精神上的富足、创造的可能给他带来满足，这是任何有形的报酬都无法替代的。五四运动时，我们看到他代表当地小学老师发表的罢课宣言，那种自信，那种身居偏远小镇、心怀天下的心胸，都让我们看到那个时代小学老师的精神状态，与时代同步的职业自信，播撒文明种子的知识庄严，在基础教育中自觉的创造乐趣。这里并不是他的故乡，却胜似他的故乡，他临终前留下遗言要埋骨于此，可见他对这一段生活的珍视。

如果说钱穆、叶圣陶他们以后成为各自领域的名家，乃是小学先生中的特例，不具有普遍性，我想起一些以小学老师终其一生、默默无闻的名字，比如王人驹1946年为浙江永嘉县的永昌小学校长，把训导主任改为生活导师，音乐课可唱古怪歌，国文教科书不用国民政府规定的"国定本"，而用开明书店的《少年语文读本》，当然当局也没有为难他。

刘百川1929年到1931年在江苏东海中学附属小学做校长，留下了一本《一个小学校长的日记》，关于那个时代小学的活的记录，那些朴素、简洁甚至零碎的对教育的思考，六七十年后打动了江苏南通的一个中学校长凌宗伟，"点点滴滴，细细碎碎，但处处闪烁着教育的智慧，浸透着对教育的理想，更有教育的实践"，并通过他感动了年轻的85后教育工作者陈文芳，也触动了重庆冉家坝小学的杨乾敏校长和罗美莉。

王人驹、刘百川只是民国的小学老师，普通、平凡，没有骄人的业绩，也无显赫的名声，但毫无疑问，做他们的学生是幸福的，他们真正当得起"先生"这个称呼。教育，教育，教书育人，我们今天常常重视前者，忽略后者，其实，"育"是重心，哺育、养育、涵育……都是有生命的，教育的生命来自这个"育"字，小学讲台传承的不过是最基础、最浅显的常识，无甚高深之处，在问学的路上不过是起点，在育人这一点上，却是一个奠定根基的阶段。叶圣陶相信教育是一项"高尚的，神圣的"事业，认为小学教育的价值在于打定小学生一辈子明确的人生观的根基，不单纯是书本知识的授受。如何将文明的火把交在一代代孩子手中，如何让他们从一开始就踏上一条人格健全的道路，如何启发他们天赋中最有创造力的部分，如何激活他们的想象力，如何让他们发现自己、认识自己，这一切在很大程度上取决于小学老师，取决于他们诚恳而真实的思考，取决于他们对自己职业伦理的守护，取决于他们对人的尊严、自由的信奉。何况不是所有人都有机会接受高等教育，小学提供的文明训练将成为一生的基础，小学老师更承担着培养人、塑造人的重任。与大学教授相比，也许他们的责任更重，恢复他们的职业自信、人格尊严，复苏一代老师的责任感，是这个时代和未来仍要面对的命题。我想起汪曾祺的小说《徙》的最后，高老师早已死了，当年的小学生还在唱他写的校歌，"墓草萋萋，落照黄昏，歌声犹在，斯人邈矣"。

珍视低调的理想主义遗产

　　王人驹是谁？即使在其家乡温州恐怕也没有几个人知道了。他生于1901年，殁于1951年，没有显赫功业，也无皇皇大作，并不是什么时代浪尖上的人物，但他有生之年大部分的时光都耗费在教育领域，是一个脚踏实地的实干家，抱持低调的理想主义，温和，节制，持续地为国族、乡邦的教育尽力。他并无反对高调的理想主义之举，只是他的行事为人都与那种激烈、猛进的气质无关。他从小接受新式教育，1917年考入浙江省立第十师范学校，1920年毕业，正是"五四"思潮激荡之际，可以说，他即是"五四"的产物，初出校门就做小学校长，1926年再入上海大夏大学。在以后的岁月中，他先后担任浙江永嘉县教育局长、海宁县教育局长、浙江省第十学区专职教育辅导员等职，还曾参加西北考察团，深入宁夏各地深入考察教育情况，写出了《宁夏初等教育调查记》。正是在这个过程中，他对教育有了许多系统的思考，并有专著《地方教育辅导经验谈》问世，1934年开明书店出版时，当时的教育部长王世杰题写了书名。时年他只有34岁。

　　中国每逢乱世，不缺那种指向天下的鸿鹄之志，不管是陈胜吴广这样的种田汉子，还是黄巢洪秀全这样的不第秀才，都是如此。似乎缺的是一心想改善社会生活、提升文明水准的人，这些人即使出现了，当时造福乡里，事后也容易被淡忘。一部民国史，事实上有很多人选择了这条道路，不幸的是他们的理想模式、行为模式几乎都被遗忘了。教育，尤其是基础教育，作为文明的原动力，这个观念在晚清就已浮现。王人驹对于教育的看重，不仅在于他选择了这个职业，更重要的是他将此看作社会建设、乡村建设的中心，如果说中国乡村的问题是愚贫私弱，那么就从教育入手，以一所小学为中心，引导社会建设，以提升一个地方的文明程度。当时浙江省提出的标准，中心小学不仅要作为"改造社会的中心"，还带有"改造学区内小学教育"的责任。他不仅关心增进农村生活的几种建设，包括生产事业、公共娱乐、卫生事业、图书馆教育等，也关心乡村的地方自治，在学校课程设置上也注意乡土教育，尤其强调中心小学的作用。他为当时永嘉县立第二小学拟订的计划目标中就明确提出：为改良农村组织的训导者、为增进农村生活的领导者。抗日战争之后，他回到当地担任永昌小学校长，就希望能承担起这样的使命。他无论是办暑期进修讲习会，还是办农村流动图书馆，都有这个意图在内。

这可以称为教育中心观，就是将教育放在社会生活的中心位置，特别是在乡村，要以教育来引领整个社会建设。同时，他信奉教学做合一的生活教育观，在他一起写的永昌小学校歌中，就说得很明白："我们在这里勤学勤做，生活即教育，社会即课堂……"，他受到陈鹤琴、陶行知等人的影响。他也守护教育独立观，虽然他多年出任地方教育行政官员，但却认为教育要有一定的独立性，所以他在永昌小学校长任内，高小国语教材用叶圣陶编的《开明国语读本》，而将规定的"国定本"作为"副课本"。

王人驹是一个有使命感的教育家，在那个时代里，许多地方都有这样的低调理想主义者，有着相似的主张。与他相去不远的乐清也有一个王亦文，1928年前就写出了《教育中心——中国新农村之建设》，认为中国新农村的建设不是空言可以成功，也非一时可以做到，一定须有一种中心的方法和继续不断的努力，而教育就是他找到的中心的方法。此书由商务印书馆出版。他不仅如此主张，还设计了方案，一度在其家乡一个村庄付诸实施。这些低调理想主义者的思考和实践，无疑是一种真正可靠的社会建设力。他们留下的遗产和他们的人格都值得珍惜。当年永昌小学的学生张中强一辈子都记得，一次歪撑着雨伞在走路，校长王人驹走到他身旁，轻轻地对他说："你走路要端正，撑雨伞也要端正。凡事行为都要端端正正。"端正，是王人驹对学生的要求，也是他对自己的要求。端正，就是这个不算太高的要求，老实说今天我们也有点陌生了。

民国年间的教育

——答《科学时报》记者问

记　者： 为什么想起记述"民国年间那人这事"？从中可以看出您使用史料的严谨，却很少有评述，这是您的治学观吗？

傅国涌： 这不是一本刻意写出来的书，是因为《南方都市报》编辑之约开的一个《民国故事》专栏，前后持续了9个多月，写了近180则小故事，现在结集出版，出版社起了这样一个名字。我平时爱读民国史料，对一些有意思的故事、细节非常留意，会随手记下。至于为什么"述而不作"，我想用事实说话，比任何解释都来得重要，在事实面前，有时候解释是多余的。不同的读者可以从中读出不同的精神内涵来。

记　者： 书中记述了许多当年文化名人的轶事，表现得都很有个性，在当时是不是一种普遍现象？

傅国涌： 那个时代的知识分子在穿着、生活习惯上都非常有个性，这在当时确实是一种普遍现象。王国维到清华国学院做导师时还留着辫子，他夫人天天早晨要给他梳头，偶尔难免也会抱怨："人家的辫子全剪了，你留着做什么？"他的回答是："既然留了，又何必剪呢？"王国维这位国学大师爱吃零食，在他儿子的记忆里，打开柜子如同是一家小型糖果店。历史学家范文澜初到延安，参加"五一"游行时还穿着长袍，被老百姓当作"地主老财"。在西南联大，朱自清、金岳霖、闻一多、刘文典这些教授，一个个都是个性十足，给学生留下许多一辈子都忘不了的细节。总的来说，那个时代人们至少还可以舒展自己的个性，按自己的个性生活，他们的人生也因此而显得丰富和生动。

记　者：个性教师在他们的教学中是不是也颇具个性？

傅国涌：生活中有个性的教师即使在教学中也是别具一格，西南联大哲学教授金岳霖给学生讲文学与哲学的关系，讲着讲着，忽然停下："对不起，我这里有个小动物。"然后把手伸进后脖颈，捉出了一只跳蚤，捏在手指里看看，很是得意。在燕京大学，经济系教授黄卓在经济系开"社会主义"课，大部分时间讲《资本论》，有一次他问学生："看过《资本论》的请举手。"结果没有一个人举手。他摇头叹息："《资本论》都没有看过，主修什么经济系！"学生于是抢着去找《资本论》。在重庆南开中学，偏科的毕业生谢邦敏在物理试卷上写了一首词，以教学水平高、教学态度严谨著称的物理老师魏荣爵评卷时，居然也即兴赋诗一首，让他及格。

记　者：有人认为，当今国内教育因太具模式化而大力提倡"个性教育"。回看当年，因那些个性教师而衍生出了一种"教育个性"氛围，事实上又推动了个性教育。您认为呢？

傅国涌：人与制度是一种相辅相成的关系，各具个性的教师当然推动了个性教育，但没有一个容许个性的环境，没有保障个性的制度，个性教育也是无从谈起的。

记　者：我们看到，个性教师的背后总会有一名个性校长，您是否认为这是形成个性教育氛围的原因之一？

傅国涌：当然，校长是非常重要的，教育家办校是那个时代的基本共识，也产生了很多有成就、有个性的校长，大学、中学都有。蔡元培在选择教授时颇具个性，比如他在出任北大校长时，"三顾茅庐"请没有学历的陈独秀做文科学长，陈没有马上答应，他几乎天天去陈住的旅馆，有时早上来得很早，陈还没有起床，他就拿个凳子，坐在房门口等。他做大学院院长时在杭州西湖边上办国立艺术院，请年轻的画家林风眠当校长，为了表示对林的支持，特意下榻在林家的木屋，接待各界来访者。南开中学和南开大学是私立的，校长张伯苓的个性对学校的成长有关键性的影响，他向军阀、官僚筹款，认为叫军阀拿出钱来支持办学总比随意挥霍强，还说了一句非常有个性的话："美好的鲜花，不妨是由粪水培育出来的。"有了这样的校长，自然会形成个性教育的氛围，使每个学校既具有各自不同的特色，又有求真的共同追求。

记　者：个性校长、老师们对学生常常会表现出一种真性情，学生对他们的爱戴也是真挚的、由衷的，您认为这种真性情对形成良好的教育环境有多大作用？

傅国涌：那个时代的师生关系是非常值得我们追念的，老师对学生的欣赏、爱护是真诚的，像蔡元培、竺可桢、胡先骕这些大学校长保护学生的例子多得很。竺可桢始终相信学生都是好的，即使他不认同学生的一些思想、做法，他也从心底里爱护自己的学生，学生有事他一定会挺身而出。杭州高级中学校长崔东伯宁愿不做校长也不开除学生，黯然离开工作了 14 年的学校。植物学家胡先骕做中正大学校长时，曾几次为患病而死或日机轰炸牺牲的学生而痛哭。可以为学生而落泪、为学生而痛哭的校长，对于形成良好的教育环境是根本性的，虽然他们也受制于校园外的大环境，但有他们的存在，教育就有希望，学生成长期的人格就不会扭曲。

记　　者：众所周知，教育是国家的未来，离不开全民的参与和支持。书中也记述了一些在战场上杀人如麻的军阀对教育的恭敬态度，这是一种真性的体现还是在作秀？这与中国的传统文化是否有一定的关联？

傅国涌：军阀在我们印象中通常都是脸谱化的，形象很单一，好像就是暴戾、杀戮。其实，军阀也有许多不同的侧面。司徒雷登在北京办燕京大学，到处筹款，给他大力支持的人中就有胡子出身的奉系军阀首领张作霖。张作霖第一次听了他的介绍后说："你办的教育事业本来是应该我们中国人自己做的。现在你做了，我十分感谢！"当场捐款五千大洋。以后，只要他开口，张作霖总是慷慨出手。北大国文系毕业的李鼎彝曾在吉林做过校长，他对儿子李敖说，每当孔子诞辰日，张作霖都会脱下戎装，穿着长袍马褂，到各个学校给老师们打躬作揖，说自己是大老粗，什么都不懂，教育下一代，全仗各位老师，特地跑来感谢，显示出这位显赫一时的大军阀尊重教育的可爱的一面。江南的军阀孙传芳也给燕京大学捐过款。这种现象在军阀中不是孤立的，四川的军阀杨森、刘湘等人都很热衷于办学，并不是我们以往想象的只喜欢混战。

我觉得，军阀对教育的尊重更多地出于真心而不是作秀，他们依赖暴力起家，靠暴力维持地盘，也用不着作什么秀。在我们的古老文化中确有尊师重教的传统，军阀的选择和这种传统当然有一定关联，他们虽然枪杆子在握，但知道敬畏文化。

记　　者：书中还记述了经济学家吴敬琏、茅于轼等亲历当年教育环境者的言行，您认为当年的教育有哪些有益经验值得借鉴？

傅国涌：吴敬琏、茅于轼当年都曾在重庆南开中学就读。吴敬琏回忆："我虽然只在南开念过两年书，但南开给予我的基本训练方面的影响，却是极其深远的。除语文、数学等功课外，从逻辑思维、语言表达，'公民'课上关于如何开会、如何选举、如何表决的训练，……都使我终身受用不尽。总之，就我的亲身感受而言，南开教育之所谓的'高贵'，指的并不是生活上的奢侈和安逸，也不是目中无人和颐指气使，而是对于德、智、体、美四育并进的高素质要求。"

茅于轼回忆："政府大官的子女在学校里面也是完全平等的，都要凭本事考进去的。……一些大官的子女当时我们也并不知道，到了毕业以后才慢慢听别人说起。学校从不趋炎附势，校园里绝对没有任何特权的气氛。"

要说当年的教育留下了哪些值得借鉴的有益经验，在吴敬琏、茅于轼等人的回忆中就不难找到，教育要提供的不仅是书本知识，不仅是公民教育等等，更重要的是完整的人的教育，是要让每一个学生在一个健全的环境中自由地舒展个性，在校长、老师的个性、人格影响下健康地成长，成为具有独立思考能力的人，而不是只会念书、只会做习题的学生。

原载《科学时报》2007 年 9 月 27 日

水流云在

——向一个跨越百年的学统靠拢

按：杭州高级中学已有 110 年的历史，2009 年秋天，我读到了几十篇一年级新生的同题作文《感悟杭高》，这是我儿子傅阳所在的班级，语文老师兼班主任钟峰华老师要将这些作文编成一册，嘱我写一小序。

这些同学内心深处几乎都被杭高的传统吸引，樱花树下，鲁迅、李叔同、丰子恺、曹聚仁、徐志摩……这些师生曾经走过的小路，他们呼吸过的走廊，他们的生命气息都在其间，这一切给孩子带来的激动远胜于其他的东西。

在唯分数、唯考试甚嚣尘上的今天，如何向一个跨越百年、曾孕育出代代民族精华的学统靠拢，为这个时代的人文教育重新找到方向感，这是一个值得深思的问题，我的这篇小文仅仅是一点初浅的感想。

竟然有这么多初入杭高的学子不约而同地写到这条长长的甬道——

漫步于苍翠的甬道，两旁树木的枝叶在上空汇聚，如一道深邃的拱门，令你不由自主地放慢脚步。（田哲毅）

进了学校是一条林荫道，顿时脑子闪过沧桑、厚重、安静等一系列的词语……（徐静妮）

傅国涌教育随想录

美的相遇

第一次踏进杭高的校门……我便无法抵挡住那深邃的甬道所散发的魅力……（沈雨薇）

安安静静地走上那条深远而又幽长的甬道，两旁的参天古木让我什么都不想说，什么都不想做，只想在此刻好好地享受这份在喧闹都市中难得的宁静。（许航行）

悠长的林荫道，让你浮躁的心马上沉淀下来，两旁的行道树安详地站着……（沈　怡）

我穿过杭高那条长长的甬道，绿荫下，阵阵微风吹拂着我，……恍惚之中，仿佛自己在历史与现代间穿梭……（王　煜）

这条林荫遮蔽的甬道仿佛真的带着几分神秘，它穿越上百年的时光隧道，将历史和现实连接在一起，通过这条长长的甬道，我们可以靠近一个跨越百年的学统，呼吸晚清、民国的空气，那是徐志摩、丰子恺、曹聚仁们都曾呼吸过的空气……

学统是一种累积，不仅有一代代师长播撒的种子，展露的才情，奉献的创造，同样有一代代学子的慧心灵性，一代代学子的理想热情，一代代学子的沉思求索，他们共同构成了一个有生命力的学统，而不光是发黄纸页上简略的记录，校史墙上干瘪的说明，它活在时间的深处，随时都有可能被唤醒，随时都有可能复苏，只要你的心向它靠拢。那些星星般闪烁的名字，以及他们留下的骄傲足迹，不会因时光的流逝而消失在茫茫暗夜之中，他们已悄悄地融入历史的血液里，融入这个学校的传统中。

毫无疑问，这些在 2009 年初秋跨入杭高大门的学子是幸运的，因为他们有这样一个值得追溯的学统，而且可以通过生命的实践，将自己熔铸在这个学统当中。

在一系列"感悟杭高"的作文中，我读到的是他们对杭高百年学统的高度认同、自豪和强烈的归属感，乃至幸福感。有多位同学写到少小时仰望杭高的感受——

记得小时候，每次路过杭高，总会抬头瞻望这一所"天堂"般的学校。那时候的我，还坐在母亲的腿上，用稚嫩的声音询问她："妈妈，这是一所怎么样的学校啊？"她总是告诉我："这是一所很好的学校，宝宝要是考上了这所学校，妈妈就很骄傲了。"（吴伊桑）

第一次见到杭高，是很小的时候了，那时是爸爸骑着车，带我经过这里，现在十几年过去了，那种新鲜的感觉却一直萦绕心头，挥之不去。（李嘉俊）

从小时候起，我就对杭高有着一种莫名的、崇高的渴望。路过杭高校门，看着那长长的甬道，似乎要把每位杭高学子引入一个不一样的成长世界。正眼望去，大门入口犹如是天堂的入口。对于小时候的我，见到杭高犹如是见到圣地一般，感到可望而不可即。（谢洲锋）

记忆中，似乎是在小学的时候，……我问母亲这是什么学校。母亲告诉我她是杭州高级中学。我又问这学校很好吗。她说我要是能考进这学校她便放心了……（周燕灵）

一所百年名校在他们幼小的心中早已悄悄留着这样一个位置，因此方扬悠才会这样说：

……一种莫名的自豪感，毫无预兆地如泉水喷涌。

原来我也是杭高人了。

窗外是苍木掩映的红墙，面前厚厚的《百年杭高》恰巧翻到精致的镂空桃花纸那页。

百年杭高，积淀了太多太多的历史，连夏日的蝉鸣也悠长不已，它们齐吟着"长亭外，古道边，芳草碧连天"。

百年杭高吸引这些学子的不仅是课堂，课外的社团生活同样重要，初入"天文社"的田哲毅抑制不住内心的欣喜和对未知宇宙的强烈向往——"中午,总是会快速吃完饭去天文社看看,……天荒坪上空灿烂的银河,每每想起都是那么迷人,一次晚自修后溜到社里看木星及木卫,忘了时间,狂奔回寝室时铁门已锁。今天,当看到了停滞数月的黑子时,竟然激动地直接站了起来,一头撞向了望远镜……"在他的笔下,我还欣喜地读到这样的句子:"星空下,我们学会谦卑、质疑和不懈。"

在我看来,这样的心态,正好与杭高跨越百年的学统相配。谦卑、质疑、不懈这三个词,每个词都不能少。没有谦卑,在浩瀚星空之下的谦卑,人就不会真正了解自己,从而找到自己准确的位置,确立人生的方向感。没有质疑,躺在现成结论和已有答案上面,遵从既有的权威,世界永远不会有进步,不会有超越。没有不懈的追求,天上绝不会掉下大馅饼,所有的创造都不可能轻而易举得来,一定都是经过峰回路转、曲曲弯弯,最后才豁然开朗。我深知,这三个词都是老杭高学统中的题中应有之义,今天出现在新杭高学子的笔下,我多么希望这不是一种偶然的巧合,而是一种回归与接续。

可以与田哲毅相呼应的是参加了"鲁迅文学社"的徐大山,他郑重地表示,他要接过的杭高衣钵,就是"精神的独立与勇敢"。一个跨越百年的学统,如果没有这样的新血液,这个学统就只能属于历史,只有当一代代学子高度认同、领悟,并自觉地将自己融入其中,成为这个链条上的一个环节,重新接续这个曾被中断的学统,它才会勃发新的生命,放射出新的光华。

"杭高将会使我明白:我是谁?我从哪里来?我现在在哪里?我要到哪里去?"这是今天的杭高新生周燕灵写的。"就在这么一片拥有百年历史沉淀的土地上,我仿佛在依稀间可以呼吸到岁月遗留下的尘土气味……"这是她的同学詹宜晨写的。未来的三年,她们将在这里呼吸,在这里寻找,在这里思考。

每一粒思想的种子、科学的种子、文学的种子……在杭高的土壤里,都应该能找到生长的土壤。毕竟在百年杭高的学统中，包容是一个极为重要的内涵，没有包容，它在浙江一师时代就不会成为江南新文化运动的摇篮，不会有针锋相对的《浙江新潮》与《独见》同时并存，正是这些不同价值倾向的学生刊物共同构成了"五四"多姿多彩的画面。没有包容，音乐以外的功课大都不及格的刘质平就不可能顺利拿到毕业文凭，他以后成了有成就的音乐家。没有包容，老校长崔东伯就不会宁愿辞职，也不愿按国民党当局的意志开除学生……

这些故事背后隐藏着一个我们曾经陌生的学统，向这样的学统靠拢，意味着人生一个全新的起点。简单地说，这个学统有它的核心价值，那就是让每个学生成为自主的人，独立思考的人，一个有创造力的人，一个具有公民情怀、服务社会的人，其他的一切都是围绕着这个核心，围绕着人的目标，本质上就是坚持人的教育。好多年前，在三联书店一次关于素质教育、应试教育的讨论中，一位朋友直言不讳地指出，哪有什么素质教育、应试教育之分，不过是"人的教育"和"非人的教育"之分。

从1899年诞生的养正书塾、1906年诞生的浙江两江师范学堂到杭州高级中学，在漫长的时光中，这所学校形成了自己的学统，即使在抗日战争流亡转徙到浙西南的联合中学时代也没有中断。人的教育，本来是教育的常态，所以在相当长的时间里，杭高都不是孤立的，同时代的大多数学校都拥有相似的核心价值，它要守护这样的学统，并不需要顶住太大的外部压力。而在应试教育畸形发展的今天，中学逐渐丧失了自身的独立地位，沦为高考流水线上的一个环节，杭高要想回归跨越百年的学统，强调人文教育，还给学生一点仰望星空的时间，其面临的压力是可以想象的，高悬头顶的是实用主义、功利主义的利剑，一个举世滔滔都在拼分数、拼名次的外部环境，已不大允许学生毫无顾忌地仰望星空，不大允许老师从容地将课堂作为传承真知的神圣殿堂，不大允许学校在应试之外为践行人的教育留出更多的时间，也许覆巢之下真的难有完卵，但越是如此，杭高学子就越显得幸运，至少这里还有一条可以穿越历史的"甬道"，一个可以追溯的百年学统，不仅学校一直以此自豪，一代代学子也都向这个学统致敬。水流云在，只要今天的学子仍然认同这个学统，它就不会永远沉睡，更不会消失在浮华的喧嚣声中。

2009 年 10 月 26 日

第二辑

与教育相遇

什么是好学校

教育是什么？在今天一般中国人眼中，其实"教育"只被理解成一个字：只有"教"，没有"育"。"育"是什么？我们可以联想到孕育、哺育、涵育、养育……都跟生命有关。如果我们把这个"育"当成"教育"的重心，就可以想到"教育"从来都不是只指向一个结果，"教育"是一个过程，是一个生命展开的过程，就像一棵树，从一粒种子到参天大树，这是一个过程，而不仅仅是结果。如果你只看到结果，那不是教育。所以，当我们理解"教育"这个词的时候，只把重心放在前面那个字，那就是注重结果的教育；而事实上，教育是一个开放的过程，它永远面朝未来，不会结束。

刚才，张文质先生说到一句话，让我很感动。他说，生命化教育课题追求的不是成功。太美好了，在这个时代，要是有一个人能够立定心志说出这句话——他做一件事，不是为了成功，而是为了一个过程。我觉得，这就是这个时代最大的成功。"成功"这个词在中国已经被异化了，成为"摇头丸"，每个人心目中的成功其实是不一样的。所以，我特别喜欢这个"慢"字，"慢"是一个过程，"慢"是对过程的肯定，"慢"是一种开放的姿态，"慢"是对生命的一种尊重。

我对教育的理解仅仅是站在一个普通人的角度，我是研究历史的，但我关心中国的今天，也关心中国的未来。所有正处于当下的中国人都知道，我们正处于一个巨大的转型当中，这次转型将以什么方式展开，从最根本的意义上说，是与教育有关的。一个国家的教育能达到什么样的程度，这个国家的文明就是一个什么样的状态。或者说，普通教育，特别是基础教育——中学、小学是一个什么样的水准，这个国家就是一个什么样的水准。

19世纪，德国打败法国，有人说过这么一句话："德意志民族的崛起，在小学老师的讲台上就决定了。"一百多年后，当中国的学者来到德国的一个边缘小镇，看到19世纪的德国教学挂图：世界地图。一个德国小学生就知道知道万里长城是什么样的，就知道世界七大洲，知道基本的科学常识。他们还看到了当时保存下来的完整的化学、物理、生物实验室。看到这些之后，我们就知道一个民族的文明程度。

我在关注民国历史的时候，刚开始主要关注大学，认为只有大学才能决定一个民族的文明高度，所以我们把过多的目光集中在北大、清华、西南联大这些顶尖的大学，特别向往、羡慕那些学术大师们，向往那个时代学术自由的空气。但随着时间的推移，随着年龄的增长，我越来越发现，比大学更重要的是中学，比中学更重要的是小学。我想起一百年前蔡元培当中华民国教育总长的时候，和教育次长范源廉的争论。范源廉说：小学最重要，如果没有好的小学，就不会有好的中学；没有好的中学，就没有好的大学。而蔡元培的意见正好相反，他说：没有好的大学，中学的师资从哪里来？没有好的中学，小学的师资从哪里来？因此要先办好大学。这也许可以看成是一个循环的问题，但是今天回过头来看，"小学比大学更重要"，应该是没有问题了，因为不是所有的人都要接受大学教育，而所有的人几乎都要接受小学教育。所以，我说了一句话：小学课本，尤其是小学语文课本，代表着一个民族文明的底线。这句话曾经被媒体广泛引用。为什么说是"底线"？如果说，我们的文明高度是由最顶尖的知识分子决定的，那么在底线的意义上，一个民族整体的文明水准则是由所有的中国人决定的。所有的中国人受到什么样的小学教育，这个民族基本上就是什么样子。

做过中国社科院副院长的李慎之先生是 1923 年生人，在民国受的教育，他印象最深的不是大学，而是小学和初中，其中印象最深的课，不是数学，不是语文，而是公民课。他说当时读的那套书是商务印书馆出版的《复兴公民教科书》，他推算那个时代和他读过同一套教科书的人大概有几百万——那个时候的教育还没有普及。所以，他就有一个感想：这些在上世纪 30 年代受小学、中学教育的人，到了 50 年代初，正好是社会的主力，而那个时候社会风气相对较好，如果说还做不到"夜不闭户、路不拾遗"的话，大致已经接近了。有些人认为那个时候的社会风气好，是政治原因，是改天换地造成的，但是李慎之认为是教育造成的，因为这些人——社会的主力人口小时候受过公民教育。

再回想，从孔夫子以来的教育实际上是比较单一的经典教育，这种经典教育只是提供了一个维度的教育。我不说这种教育不好，它有它的优越性，也包含了人类教育中的重要环节——人文教育：四书五经，经典阅读，加上诗词歌赋，每个人从小就受到伦理的、审美的熏陶，但是几千年走下来，到了清朝 1905 年，废除科举制的那一年，一两千年来中国只是在原地踏步，一直只有这种单一化的经典教育或者说人文教育模式，已经跟不上世界的脚步了。当时整个世界的教育，正是我们今天普遍接受的欧美教育，这套教育是从古希腊发源出来的，它的核心是科学教育，但也不排斥以文史哲为核心的人文教育，同时又加上了公民教育。所以，我理解的现代教育实际上是三大版块：人文教育、科学教育和公民教育。

在我们当代的教育中，其实只剩下了单一的科学教育，既没有我们古老的——有两千年传统的人文教育，也没有——曾在民国有过几十年历史的——公民教育。我们只有从西方传过来，又根据自己意识形态需要改造过的科学教育，所以我们常会觉得我们的教育在追求"快"，为什么？因为"科学"是讲究效率的，人文教育是"慢"的，是讲生命的。

人文教育单一化,不好,所以我们要把科学教育引进来,但是当我们把教育带上单一的科学教育的轨道时,我们有没有发现,这样的教育也是大有问题的?

这就回到教育的核心:什么是教育?教育的最终价值是什么?这些问题我也想过很多年,但至今没有想得特别明白。我粗浅的理解是,我们的教育,提供的是"常人"教育、"常态"教育,而不是"天才"教育、"非常态"教育。学校只担负一个使命:培养普通人;不担负培养"天才""超人"的责任。学校不是为培养科学天才,也不是为培养文学家、艺术家而存在的,爱因斯坦、托尔斯泰、贝多芬、莫扎特是学校能教出来的吗?他们本身就有天赋异能。天才不是靠学校教育培养的,他在任何环境下都可能通过自己的方式脱颖而出——当然,学校会给他提供一些契机。爱因斯坦也需要读大学,但他一直到大学毕业,物理学成绩都并不特别出色,这并不影响他成为几百年来最伟大的物理学家。

学校只担负一个责任,就是让一个普通人成为在精神上健全的人,成为文明社会的正常人。从这个意义上说,学校教育就应该是以人为本的,而且应该是以普通人为本的,尤其是基础教育。中小学教育,根本不需要设定一个目标,需要教出多少出类拔萃的人。学校教育,其实提供的是一条中间线的教育,它不是按照智商最高的人的标准设立的,而是按照普通人的智商设立的。所以,学校教育中,快乐是一个重要的元素,它应该成为学生——同时更加重要的是成为老师——快乐的过程。今天,恰恰相反,老师不快乐,学生更不快乐。这是一个方面。

第二,过去对教育的主体有很多的分歧,但是我思来想去,其实老师和学生都是主体。如果老师不快乐,这个教育过程的展开就会带上很多阴影。所以,我想到一个词:尊严。如果一个时代的老师,尤其是基础教育的老师,在社会上的地位不是较高的,不能受到社会的尊重,他的生命尊严不能在很大程度上得到满足,我们的教育基本上就失败了。何为师道尊严?就是老师在这个社会受到普遍尊重的那种尊严,如果连

美的相遇 傅国涌教育随想录

这个都没有，这个时代的教育——哪怕出了很多高分的学生——也是失败的。

很多时候，那些衡量指标都是不可量化的。我们似乎很难理解民国的教育，那个时候有战乱，有动荡，但是它的教育是相对成功的，因为那个时代的教师得到了尊重，学校得到了尊重。那个时代的学校，大部分——我们不能说全部——都是由教育家来办的，而不是由行政人员来办的。那个时候，北大校长这个位置和教育部长之间可以是来来回回的，蒋梦麟当过教育部长，也多次当过北大校长，但他不认为当了部长，再当校长有什么不好。蔡元培也当过教育总长，然后再去当北大校长。他们并不觉得校长和部长之间有巨大的落差，反而觉得北大校长这个位置可能更体面。北大校长，在他们心目中不是一个行政职务，而是一个教育家的岗位。

我想到几个人。张伯苓，大家都知道他是南开大学的校长，但我更愿意说他是南开中学的校长。事实上，张伯苓办得最成功的学校可能还不是天津的南开学校，而是抗战烽火中的重庆南开中学。林砺儒，他是北京师范大学附属中学的校长，后来做了北京师范大学的校长，1949年以后做了教育部的副部长。我倒觉得他不应该去做副部长，最适合他的岗位是校长，而不是部长。经亨颐，浙江第一师范学校校长，创办过春晖中学。还有赵君达、高凤山、周厚枢……后面这几个人现在都不大有名了，已经被人们给忘了，但是在他们学生的眼中曾经都是耀眼的明星，正是在他们手里，天津耀华中学、北京汇文中学、扬州中学，这些学校成了当时中国最好的中学。这样的人，在民国的时候，每个地方都有一批，正是他们这样大大小小的教育家办出了一批很有魅力、很有影响的中小学。我说一个民族的文明程度很大程度是由中小学所决定的，而这些教育家就是这些学校后面的灵魂人物，他们不仅是掌舵的人，没有他们，学校就没有灵魂。

我在看民国教育的史料时，特别想到几点。第一，那个时代，教育的每一个阶段都是自成体系、自成脉络的，具有独立的价值和地位，小学就是小学，中学就是中学。一个人可以将终身做小学老师作为他的理想追求，把自己的角色尽最大可能地扮演得尽善尽美；一个人也可以把做中学老师作为自己的终身事业来追求，而不仅仅作为一个职业来看待。整个社会也是如此看的。

　　但在今天我们可以看到，中小学在现有的教育体系中，实际上是没有任何地位的。今天教育体系的设置是按照升学的体制来的——小学是为了升初中而存在的，初中是为了升高中而存在的，高中是为了升大学而存在的。所以，中学、小学并没有自己的独立地位，它们只是这个"升学"流水线上的环节。决定一个老师、一个校长、一所学校的地位的是为更高一级的学校输送了多少高分的学生。这是唯一的一个指标，学校办得好不好都不要紧的。

　　民国时代也有"高考"，或者是一所大学单独招生，或者是联合招生，但并不影响小学、初中、高中都自成体系。如果教育的每个阶段的独立性不解决，每个人都会累死在这条"跑道"上。你不就在那里跑嘛，从小学一直跑到高中，而且你都是为别人在跑，而不是为自己，因为所有的目标都特别的确定，每个老师和学生都为此而着急。这样，就把教育过程中的乐趣，那些美好的东西，全都消解掉了。要还原教育本身，其实就是在接受教育或获得教育的过程中，获得最美好的东西，获得精神上的最大快乐，而不是在那里"跑步"，所以，我们现在才倡导"慢"，"慢"就是享受这个过程。

　　我想起一个故事。在苏州工业园区，那里有一家美籍华人开的企业。这家企业的食堂门口有一片草坪，要进入这个食堂，必须绕一圈才可以。但是，员工都不愿意，他们就在草坪中间走出了一条路，一条最短、最快的路。其实，这是人的天性，要走捷径嘛。这个老板有点与众不同，他后来琢磨出一个办法，在草坪中间种了一棵树，恰好挡住了那条捷径。然后他告诉员工：在我这个公司，倡导不走捷径，用一棵树作为标志。

他倡导的正是一种"慢"的观念。在一个人人都求快、走捷径的时代，求慢就是一种理想。

我们今天看民国教育，会有很多看点。刚才讲的就是其中的一个看点：教育的独立性。另一个就是，它是人的教育，它把人当人。有一个在台湾影响非常大的知识分子，叫殷海光，是金岳霖的弟子。我到台湾参观殷海光的故居，走进去看到一条他手书的格言，当时印象特别深。他是研究逻辑学的，因此就更加关注根本性的问题，他说："自由的伦理基础有而且只有一个：把人当人。"我想把这句话借过来说："教育的伦理基础有而且只有一个：把人当人。"

"把人当人"，不是说我们现在不把人当人，而是说我们现在更多的是把人当成工具。事实上，我们现在的教育设计更多的是把人工具化，因为学校要求学生在考试中胜出，要他成为考试的机器，整个设计的目的是为了考试而存在的，而不是为了教他成为一个人而存在的。这就是一个最大的问题。当所有人都往一个方向去的时候，你要扭转方向，几乎是不可能的，所以只能去拼，拼到最后大家都筋疲力尽了。华东师大心理学系在 2006 年作了一项调查，调查了 1300 多人，竟然有 70% 以上的人把考上大学作为人生的终极目标。他们为什么这样做？因为在前面奔跑的过程中，实在太累了，筋疲力尽了，好不容易跑到这个点，终于可以放下来了，所以，这里就成了他们的目的地了。这是一个非常可怕的事情。我前面说过，教育是一个开放的过程，永远没有终极的目标，永远朝向未来，它只是一个过程，没有结果，没有终点。

文质先生有本书，叫《教育的十字路口》，其实中国的文明、文化也在十字路口。我们一方面在享受着人类高科技所带来的一切最先进的东西，另一方面，我们发现自己正越来越往下走。我想到另一个问题：教育从产生之日起——西方的古希腊时代，我国的诸子百家、孔夫子时代，它的目的只有一个，就是提升人类。

今天处在转型期的中国，我们可以很清楚地看到很多事情都是按照本能设计的，但教育是与本能为敌的，教育是要提升人，而不是按人的本能来行事，不是按本能来思考，是要把人变成一个有能力驾驭自己本能、超越自己本能的高级族类。什么是文明？文明就是有高于本能的东西。不能什么都按照本能去做，动物也有本能，甚至有比人类强百倍的本能。所以，人类最大的优势就在于有能力超越自己的本能，而最重要的途径就是教育，通过教育提升人，通过教育让人超越本能，实现自我。但是现在你到街上一看，满大街的广告或其他的东西说穿了都是迎合人的本能，而不是让人高于自己的本能。与人的本能相对应的，无非是衣、食、住、行、性这五个，整个社会的一切仿佛都是围绕着这些而产生的。所以，广告、各种娱乐节目，它们不是向上提升人，而是使人向下沉沦，这是社会一个非常大的问题。

一直以来，我们的教育都是与这样的本能化趋向为敌的，是为了抗衡人类被向下拽的趋势而存在的，否则，要教育干吗？如果只是要迎合本能的需要，你根本不需要读书，不需要进学校。孔夫子以来的教育只有一个目的，就是将人类一代一代积累的最好的文明成果告诉我们，让我们在这个过程中不断地提升自己，让我们更加靠近文明，但今天看来，我们未必是在往这个方向走。

也有一些人在说：怀念民国是不是一种病？有人问我：怀念民国是不是一种怀旧？每一次我都断然否定了，我说，怀念民国不是怀旧，而是一种寻找。经济学喜欢讲一个词，叫"路径依赖"，教育也要讲"路径依赖"。今天的教育，可能更多地强调外面的资源、横向的资源，而往往会忽略本土的资源、纵向的资源，那就是往前追溯。往前追溯我们有两大传统，一是孔夫子以来的人文教育，二是晚清以来的新式教育传统，我们只有这两个传统。从路径依赖来说，往往只有本土资源更有可能转化成一种动力，成为一种内在的力量；外在的资源，我们在借鉴的时候，不容易转化成自己内在的生命力量。当我们回望民国的时候，是要寻找一种可以依赖的资源，一种可以依赖的本土资源，因为从晚清到民国的

傅国涌教育随想录

美的相遇

半个世纪当中，我们的前人立下了一些规范，创造了一些可以让我们今天重新接上的传统。

有一个企业家叫卢作孚，是民生公司总经理，曾经是中国的船王。但他说自己是一个教育家更多于实业家。他曾经办过学校，做过民众通俗教育馆馆长，更重要的是他在重庆一个叫北碚的地方搞乡村建设，把教育放在了非常重要的位置，在当地做出了很大的成绩。在北碚的墙上刷着这样的标语："忠实的做事，诚恳的对人"。这十个字很简单，也很朴实，但是恰恰包含了教育的真谛：忠实、诚恳，人的教育。在那个时代很多中学、小学的校训中，我们都会看见这两个字——"诚""实"，我们这个时代可能最缺的也正是这两个字，而浮躁的、华丽的东西实在是太多了。

我想为那个时代的教育给出几组关键词：

知识，方法，视野。

兴趣，健康，能力。

个性，气质，精神。

现在看来似乎没有太多的意义，没有太大的价值，但是当我们对这些词重新进行解读之后，会发现教育其实是一个完整的过程，同时也是一个美好的过程。

北大经济学教授厉以宁，每次在给新生上第一堂课时都会问一个问题：你到北大来是要学什么？很多人说是来学知识的，他说不对；也有人说是来学方法的，他也说不对。没有学生能答对，他就说：你是来开阔视野的。教育首先给学生提供的是一个文明的视野，让他看到世界有多大，天有多高，地有多厚，让他看到古往今来人类走过了一条怎样的道路，让他打开视野，认识这个世界、这个时代，这才是首要的目标，然后才是知识和方法。

我有一个朋友喜欢说：在谷歌时代，什么样的学问似乎都变得不太重要了。为什么？因为没有必要嘛，你在谷歌上一搜索关键词，一大串的东西全出来了——你记那么多干吗？那就叫现成的知识。更重要的是，你要有一个"判断"。我觉得他说的"判断"这个词非常好，重要的不是知识，而是你有能力对这些知识作出判断，因为网上的东西不一定都是对的，有很多都是错误的，你具备辨别真伪的能力，那才是属于你的真本事。由此，我想到的是，今天我们缺的不是知识，因为获得知识的途径真是太多太多了——过去，我们说一个人要是不经过学校教育，就是"睁眼瞎"，但在现在，获得知识的途径已经非常丰富了，"获取"已经不再是什么困难的事情。困难的是，你自己怎么去看待这些知识，怎么去判断这些知识，并形成你自己独立的看法。

在这种情况下，我们来判断我们教育的功能，就能看到它的局限在哪里。等一会儿我会讲到，当教育把老师和学生的时间、空间占得太满，留给他们装备自己、真正提升自己的余地就没有了。

借用一个说法，教育也就是要让——"被掳的得释放，瞎眼的得看见，叫那受压制的得自由"。每个人来到这个世界上，原本对自己都是不了解的——所以，古希腊有句名言：认识你自己！教育所说的把人当人，首先也是让人认识自己：你是谁，你从哪里来，你往哪里去。认识你自己，可以说就是让"被掳的得释放"。"瞎眼的得看见"，就是我刚才讲的，让你看见这个世界到底是什么样子。"叫那受压制的得自由"，当你真正认识你自己，认识这个世界，你就会获得精神上的自由，你就会觉得，自己是活得自由的，而且是自信的、有尊严的。

我觉得在这一问题上，民国时代的学校基本上都提供了这样一种可能性。它们有大把的时间让老师和学生自己去想这个问题，自己去读书，自己去玩想玩的项目。学校里有很多不同的社团，有很多让学生去从事文化或其他活动的空间。

下面我想说的关键词是：兴趣、健康、能力。

如果一所学校能在教育的过程中让学生发现自己兴趣之所在，也让老师有机会把学生的兴趣转化成动力，这样的教育才有可能变得丰富、健康，也才能把一个人的能力挖掘出来——因为每个人的潜能都是不同的，也就是上帝给每个人的恩赐是不同的。我看到在某些领域作出重大成就的人后来回忆自己的中小学时，不约而同地讲到，自己在中学或小学时代，在某个阶段遇到某个老师，这个老师激发出他们某个方面的潜能，然后在那个阶段就奠定了他们今后发展的方向。中科院院士施雅风是中国现代冰川学的开创者，他的启蒙是在初中完成的，他当时就决定要考大学的地理学专业，后来考取了浙大。中国最著名的植物学家之一吴征镒，还在扬州中学读书时就发现自己的天分在植物学方面，后来就不断在这个方面追求。科学史家、《爱因斯坦文集》的主要编译者许良英，之所以后来会去研究爱因斯坦，也起源于少年时代的一个偶然的机会，他读到爱因斯坦的一本书《我的世界观》，一心想成为像爱因斯坦那样的物理学家。这样的例子非常多。我深感，在中小学阶段，如果有充分的机会，让学生发现自己的兴趣、能力在哪一个方向，并且能健康地发扬光大，这就是真教育。

我喜欢讲两个只读过小学的人，一个成了作曲家，一个成了出版家。一个叫周大风，在浙江镇海乡村读的小学，学生时代偏爱音乐，天分得到发掘，初中失学，踏上社会，最后成了作曲家、音乐教育家。一个叫范用，生活·读书·新知三联书店原总经理，他只上过镇江的穆源小学，他非常怀念这所小学，甚至为她写过一本书，我还没有看过第二个人为一所母校——小学——去写一本书的。他的小学给他留下这么深的印象，以至可以写成一本回忆录，他在书中回忆了整个小学生时代的点点滴滴、方方面面。小学毕业，抗日战争爆发，1938年他到出版社做学徒。如果要讲知识的话，他根本比不上同时代的其他人，因为别人还能继续受教育，而他没有机会了，但是我觉得他在小学中得到的东西已足够奠定他今后成为一位优秀的出版人。他特别讲到的是，他在小学里做志愿者——为学校管理图书馆。当时，这件工作是学生们轮流去做的，而他很喜欢做。他可以有更多的机会看书，其中有两套书，一套叫"小学生文库"，一套叫"小朋友文库"，里面什么门类的书都有，还有许多的杂志，他都浏览过。他还在学校里办了好几个不同的壁报，实际上就是他自己写写画画抄抄的东西。这就奠定他后来成为出版家的基础。

大家都很熟悉的金庸，是香港《明报》的创始人，当然也是武侠小说的一代大家。他人生的根基不是由大学奠定的，更多是由小学和中学奠定的。他在小学时代遇到一个叫陈未冬的语文老师（也是班主任），五年级时，班级创办了一个级刊《喔喔啼》，陈老师就让他一起来编，还推荐他的一篇作文在当时杭州的一家报纸上发表。中学时代，他就自己给报纸投稿，并发表了三篇作文，这三篇作文我都在档案馆里找出来了，已经写得非常好了。如果我们将他后来的武侠小说和他中小学时的作文联系在一起，也许我们会蓦然发现，每个人的人生在他的少年时代都已经奠定了。少年时代的那条线索是直接抛向未来的，这是一条神秘的线索。

我在和年轻人说"读书"这件事的时候，常常会想到这样一番话：你说读这本书有什么用，尤其是这本书考试都不考的，读了干什么？你读那本书，也不考的，有什么用？是的，没有用。但是，也许在十年后，二十年后，甚至三四十年后，你少年时代读过的某一本书、某一篇文章，会在你的脑子中跳出来，或者在你做某一件事的时候突然跳出来，那是什么？那就是一条神秘的线索。这条神秘的线索就像天罗地网一样埋在你生命的深处，待某一天它就会被拎出来。这条线索就是你的人生，就是你的精神世界。

如果没有早年的阅读，当你在以后的人生中想要做某一件事的时候，你没有线索可以拎，因为你的生命中没有布下像天罗地网一样的线索。那些线索在当时布下的时候，是无用的，你不是有意的。我们今天所讲的教育，最大的问题就在于过于追求"有用"，也太过于追求"有意""刻意"。我们把这些看得太重了——而对"无用"非常排斥，对"无意""不经意"看得很轻。等到未来十年、二十年之后，你没有什么可以拎起来的线索，因为你的生命中本来就没有埋下什么伏笔。

我经常想到，成年以后，人与人之间的区别，往往不在于课堂上学的那些东西，不在于作业里、考试里的那些东西，因为这些东西大家都差不多。人与人的真正区别是在不一样的地方展开的，我看的书你没看过，那我就跟你不一样，最多的竞争是在原先"无用"的地方、"无意"的地方。

如果我们观察每一个时代在不同领域有造就的人，从表面可能怎么都看不懂。我喜欢用阅读这个角度去观察，八九不离十就能看懂很多人。比如，我认识一些在各自领域有重要建树的老先生，像著名律师张思之，他为什么成为律师界的泰山北斗？你可以说他专业好，他有道义勇气，都对，但是你这样说等于什么都没有解释。法律学得好的人有，辩护辩得好的人也有，有勇气的人也不仅是他。我破译了他的精神密码，他之所以区别于同时代甚至比他晚一辈的律师，最大的不同在于他身上有一些别人不具备的东西——我用一个词概括叫：人文性。专业性、公共性别人同样有，人文性别人可能也有，但绝没有他这么强烈。他是1927年出生的人，六七年前，我在编《过去的中学》时，请他写一篇回忆的文章。他的回忆让我大为惊讶，他印象最深的竟然是一堂课。他当时在抗战中的重庆读高中，有一位老师姓傅，本是东北大学的教授，因为战争的缘故流亡到那里做了中学老师。他记得那是一堂讲李清照词《声声慢》的课，老师仅就其中"寻寻觅觅，冷冷清清，凄凄惨惨戚戚"的叠词就讲了一节课！年少的他没有想到汉语竟然有这样打动人心的力量，竟然有这样的穿透力，这堂高一时的课直到八十岁他还记得如此清晰。他的专业和古典文学没有关系，但是2005年夏天我去北京看他，他在一家酒店的大堂等我，当时带了一本书在看，我一看桌子上的封面，就突然明白了他一生区别于其他同行的奥秘——那本书是《元曲选》。我明白了高中那堂课给予他的不是专业，而是精神的滋养，他一辈子都能在这里面得到滋润。所以，他一方面可以站在法庭上辩论，另一方面在辩词中一直都在追求汉语的美感。你可以说一个律师与元曲、宋词有什么关系，

第二辑
与教育相遇

083

但是，正是这些才是留在他生命里一辈子的东西。

在一个人的成长阶段，美育更容易成为他生命内在的东西，从中可能转化出一生的资源。其实，教育说穿了就是要把人当人，但是把人当人是需要资源的，这不是一句空话。你不知道李白，不知道曹雪芹，不知道屈原、杜甫，不知道鲁迅、胡适，你就没有办法让自己在文化上变成一个中国人——你只能是肉身上的中国人。就像到了美国，我们也不能成为一个美国人，因为我们不是在惠特曼的诗歌、海明威的小说的浸润下成长的，我们要进入它的文化，进不去啊。有些华人在美国生活几十年，交往的圈子基本上还是华人，因为他们跟人家是两个文化系统。我曾经想，一个人在这个时代生活，他在精神上需要两个证件，一个是中国文化的身份证——这是指你身上中国文化的元素，另一个就是全球普世文化的护照，你要知道自古希腊文明以来整个文明的脉络等。你有了这两个证件才可以说基本上是一个现代人，大致上可以跟这个时代构成一个对应的关系。如果这些都没有，那你虽然活在这个时代，但实际上和这个时代是很远的，你只能生活在自己的一个很小的世界里。

从这些方面来看，我觉得民国的教育是成功的。一个时代不能因为它是乱世，就说它是失败的。诸子百家不是产生在秦始皇大一统时期，而是产生在春秋战国时代。民国，是中国的乱世，但是在教育上走出了一条真正融合中西的道路，将世界不同民族美好的精神价值引入，让我们在这块土地上不仅能享受祖祖辈辈传承下来的最优秀的文化，同时能享受来自全球的最优质的资源。

最后一组关键词是：个性、气质、精神。

这些词，看上去都是虚词，是这个时代所反对的词，是这个时代不喜欢的词，但恰恰这些词才是"把人当人"的根基。一个人区别于其他人的，不就是这些东西吗？如果在这些方面没有展开，在教育中没能塑造人的个性，也不能让人的气质得到展现，更不能培养他们健全的精神，这种教育基本上就是失败的。

今天，我们小学阶段的教育是有可能做得更好的，中学可能难度更大。毕竟小学还是能让小学生做一些"无用的"事情——无用的事情，恰恰是最有用的；那些有用的，也许恰恰是没用的。在这方面我有一些个人的体验。我觉得，当我成人以后，在学生时代所学过的东西，基本上都用不着，可以说90%都没有用上。但是自小学时代以来，我读的那些课外书基本上都有用。这个"有用"不是说直接拿来的那个"用"，而是指在你写某一本书或某一篇文章的时候，一条神秘的线索会被激活，几十年前的东西，就被扯出来了，构成了一个完整的东西。这一种说不清道不明，却又真实存在的精神层面的东西，也难用一种物质的、可以量化的方式去表达，就好像《圣经》里的一句话："你必点燃我的灯。"

前不久新出版的一本书，大陆出的是删节版，没有香港的全版精彩，书名叫《燃灯者》，是讲北京大学周辅成先生的。"你必点燃我的灯"，教育就是要点燃学生那盏灯。你做了几十年的教师，哪怕有一个学生的灯被你点燃，你也是可以得安慰的，何况你有可能点燃更多人的灯。从这个意义上说，教育者其实就是"燃灯者"，其伟大的工作就是擦亮火柴，点燃讲台下面那些还没有被点亮的灯。

2012年1月在哈尔滨讲，邱磊根据录音整理

我相信得寸进寸

我 20 岁时，曾经在一个偏僻的乡村中学做过语文教师。这段经历非常短暂，只有三个学期，我在 1989 年春天离开了教师岗位，从此也离开了这个体制。

可是，也就是这段短暂的从教经历，给了我一个教育情结，或者说是中学情结。前些年，我在研究历史之余编了第一本和教育有关的书，叫《过去的中学》。这本书在 2006 年出版以后引起了一些关注，包括教育界的关注。今年我又出版了第二本和教育有关的书《过去的小学》，主要是呈现晚清到民国小学的真实状态。之前还没有人这么做过，我之所以对教育有所关注，除了我年轻时的经历以外，可能还跟我自己的内心有关，我这辈子只对一件事感兴趣，只关心民族共同体的命运。我除了睡着以外，其他时间脑子里几乎都在想着这个民族共同体的命运，当然也想着我自身的命运，因为我的命运跟这个民族共同体的命运是融为一体、不可分割的。教育也是民族共同体命运中非常重要的甚至是核心的部分，所以我会关注教育。

今天来到大觉寺，让我想起诸葛亮高卧隆中时的那句诗：大梦谁先觉？我想回答：大梦我先觉。这不是指我一个人，而是我们大家。我喜欢这句话，我在哪里中国就在哪里，我们在哪里中国就在哪里。今天我们在大觉寺，我们都成了大梦先觉的人，我们在一个消费主义的时代来讨论形而上的问题，讨论教育的问题，甚至讨论中国的命运，"大觉"这个词就是中国今天要面对的一个词。

我想讲的第一点是我们处在一个什么样的时代。可以概括为三句话：第一，泛货币化的时代。任何东西都可以用货币来衡量，教育也可以用货币来衡量，一切都是可以量化的、货币化的。第二，泛娱乐化的时代。现在最流行的节目无论是《中国好声音》还是《非诚勿扰》，都是些娱乐性节目。我们的日常生活、社会生活，乃至政治生活，都呈现出一种泛娱乐化的状态，许多时候连教育也不例外。第三，本能化的时代。一切都向本能看齐，一切都朝着本能的方向。本能是什么？本能就是按照你的生物属性而行，本能是向下的。那么教育是做什么的？教育是向上的。原本教育是与本能为敌的，但今天我们的教育在更大程度上在迎合本能。我相信，很多人对教育的现状都有不满，都有怨言，包括梁卫星、马一舜等一线老师对他们学校、对教育现状有很多很犀利的批判，我完全理解他们的心情，但是我想讲，当一个时代普遍浮躁不安、浅薄不堪，都在追求走捷径的时候，我们小部分人，能不能背道而行，不走捷径，而走笨的道路？

如今这个时代，整个民族普遍都在抓一样东西，或者说一个数字，那就是"零"。零是什么？零代表着财富，代表着利益，代表着好处，所以全民都在抓狂一样地抓"零"。遗憾的是，即使你抓住了1万个"零"，如果零的前面没有一个"一"，那些"零"是不是有意义，那些"零"是不是仍然等于零？30多年来中国经济的发展，其实就是在抓"零"，今天我们虽然变成了GDP世界第二，但是这个成绩是以破坏道德人心、毁坏自然山河为代价的，没有为子孙后代留下空间和余地，这样的一种发展模式，大家都看到了今天已不可持续。所谓的GDP第二大国，其实早在1913年就是了，中国在99年前就是世界第二，今天只不过是恢复了99年前的光荣地位，一点也不值得骄傲。再说了，从人均GDP来说，我们仅相当于美国的十一分之一，没有什么值得骄傲的。

我想讲的第二点是何为真正的教育，何为真正的教师。今天是一个重新设立标准的时代，需要我们重新给出标准，告别过去的标准、既定的标准。我觉得今天这个时代，最重要的问题就是重新设立标准的问题，我们用什么标准去衡量这个社会，社会就会往哪一个方向去。那么，我们重新设立标准的参照系在哪里？这两天为马小平老师开追思会，我们似乎把马小平当作了一个小小的参照系之一，我觉得也没有问题，人死为大，这是中国人的一个逻辑，而且他确实在生前、在这样一个荒谬的应试教育时代，在非常小的范围里开出了一片非应试教育的小小绿洲，这块绿洲很小，但它是绿洲毫无疑问。我们也可以把他作为一个小的参照系，像马小平这样的人，我认识的就有很多，而且有些人在很多方面已走得比马先生更远，走得比他更好，也更稳健、更阳光、更有质地、更有潜力，他们代表了未来中国社会的方向，代表了民族共同体重建的方向，他们是上帝给中国最珍贵的礼物。

我的参照系是一个纵向的中国本土的参照系，这个参照系就是自从1902年中国有了新式教育以来，有了本土的教科书以后，100多年来，尤其是1902到1949大约50年的时间，晚清和民国是无法割断的，我们知道那个时代小学教师中产生了叶圣陶、钱穆，中学教师中产生了丰子恺、朱光潜、朱自清等一大批知识分子，他们都曾经是普通的小学老师和中学老师，但是他们成为学者、作家、大学教授这条通道是畅通的，这中间没有什么人为的障碍。那个时代的标准是没有问题的，无论是战乱、动荡和日本入侵都没有毁坏这些标准。齐邦媛在《巨流河》中深情回忆了她的一生，特别是她的中学时代——重庆南开中学。我想，她已经把我们今天可以找到的最好的参照系呈现了出来，其中她讲了一件事，影响她一生最深刻的一个人——国文老师孟志荪，教过她两门选修课——高二的唐诗选和高三的宋词选，她在那两年背了大量的唐诗、宋词，为她一生奠定了文学基础。后来她在武汉大学成为朱光潜的学生，用英文背了几百首西方现代诗。我想这就是一个参照系。这些老师，从

傅国涌教育随想录

美的相遇

孟志苏到今天这个时代的马小平，他们一样都属于各自时代的建设力。

我要讲的第三点是，我们要扩大中国的建设力。我从来不指望天上掉馅饼，不指望一步登天，不抱怨，不怨天尤人。按我自己的人生经历，我年轻时代的命运遭遇，我最有理由抱怨，但是我不想这样做，我认为那是上帝对我的成全，上帝要磨炼我，把我打造成他手中贵重的器皿。今天我怀着感恩之心去面对我的苦难，我从苦难中得到的是感恩，而不是抱怨。我也希望我的朋友在生活中能常怀乐观之心，常抱有一种向上的、积极的心态，不是老在抱怨生活和外部环境，而是以一己之力，建立一个个小小的却是不断朝向文明的支点。

我想说一个词，也是我最喜欢的一个词——得寸进寸，这是胡适先生所倡导的，也是当年江苏南通的状元实业家张謇倡导的。我不喜欢得寸进尺，更不喜欢得寸进丈，我相信得寸进寸，进一步就是一步，脚踏实地，不卑不亢，相信温柔的力量，温柔的坚持，持续地、低调地、不断地沿着自己的方向走，只要方向正确，一定能到达终点，如果方向走错了，速度再快也只能背道而驰。我的逻辑是，抱平常心，做平常人，相信日常的努力是有效的。我非常喜欢刚才一个朋友提到的"日常"这个词，非日常的东西是没有力量的，一次性的冲动，过去就过去了，所以我从来不相信轰动效应，不相信夸大其词和口号性的东西，我更相信一步一个脚印的东西。我结交的大部分朋友都是一步一个脚印的朋友，我之所以敬重张思之先生，是因为他在中国律师界的所作所为。几十年来，或者说用他的一生做出来的见证就是踏踏实实、一步一个脚印地推动中国的法治进程，无论环境如何，他从不抱怨，从不怨天尤人，得寸进寸，走了一辈子，今年已经85岁了，我非常敬慕他，我相信日复一日，终可以水滴石穿。

在我看来，今天教师的工作是一个深水静流的工作，润物无声，不是要高举什么旗帜，在那里敲锣打鼓地工作。樊阳在上海所做的，非常值得赞许，几十年可持续地做一件事是最难的，我不太欣赏天才，也不

与教育相遇　第二辑

太欣赏一夜爆红的明星，我觉得这些东西很可能昙花一现。我最欣赏的就是润物细无声，比如张文质长期所做的生命化教育，他的团队十年来的努力，我觉得就是润物无声。还有许多一线的教师，他们在最近这十年做的工作也是如此，未来会看到成效，无须特别悲观。昨天我跟一个朋友聊天，他有些悲观，认为教师根本没有力量，没有什么可能，但是我不这么看，我还是比较乐观，我的乐观来自我的内心，来自我的信心，信心不是无缘无故的，它来自我的信仰，我们在这个地上就是光和盐。耶稣说过："人子来，不是要受人的服侍，乃是要服侍人。""服务"一词就来自这里。燕京大学的校训"因真理得自由而服务"，其实也可以成为所有好学校的校训。

我深信，今天教师所做的就是提供建设性的因素。教师职业也好，教育事业也好，之所以有意义，不是它本身就具有意义，而是一代又一代的老师们赋予它意义。我喜欢英国哲学家波普尔说过的一句话：历史本来并无意义，是我们赋予它意义。教育也一样，它的意义是我们赋予的，只有活着的、具体的个体生命才有能力赋予一样东西以意义。《创世记》开首说，上帝说要有光，就有了光。教师、教育也一样，我们说要有光，于是就有了光。这个意义是我们赋予它的。

我还想讲，在这个时代，虽然有很多不好的东西，自然环境、社会环境都不如意，但是我们仍然有可选择的余地，因为选择的权利是人类最重要的权利。在有些方面我们是有选择权的，你可以选择做一个好人还是坏人，选择做一个有良知的人还是做一个无良的黑心人，所以我相信选择权。我也非常喜欢另一个词——自我救赎，如果把它简化来说也可以叫自救，每个人通过自救才能救人。一个没有能力自我救赎的人，不可能去救别人，自我救赎是救人的第一步。我并不想拔高教师这个职业，也不想拔高教育这个行当，或者说这个百年树人的事业，但是我深信教育是自我救赎的起点。通过教育，人类可以获得自我解放，这是一条通往自由之路，一条绕不过去的路。

今天我想说，我们要做的首先是将自己铸造成器，每一个人将自己铸造成一个有用的器皿、一个贵重的器皿，就是自我救赎的第一步。如果你自己都不是一个合格的器皿，不是一个能盛水的茶杯，那么茶水倒进去就会洒一桌子，这个器皿就没有用了。不是为了从"用"的层面来说，我其实想从价值的层面来讲，我想强调其价值性。

我个人更主张享受过程，而不是耿耿于结果，享受过程、享受开启民智的过程，新式教育在1902年蹒跚起步，张元济先生等人就设定了一个目标：开启民智。今天我们还需要开启民智，开启民智是一个过程，追求自由也是一个过程，我们要充分地享受这个过程，过程的快乐远大于结果的快乐。我深信，生命本身也是一个过程，中国的历史每一步走过来都是一个过程，作为一个历史研究者，我对过程的强调要大于结果，我把过程完整地呈现出来了，你就可以看到历史是怎么一回事，如果把它的复杂性、丰富性，把它的内在肌理、内在线索、内在逻辑都看清楚了，结果你也就自然清楚了。

我想强调，在开启民智的过程中，今天中国的学校教育实际上担负了一个功能，那就是知识的传承。知识的传承在我看来主要是复制过去已经有的，只不过我们把它固定在教科书上，用练习题、标准答案把它固定下来，然后传授给学生。这也是学校教育非常重要的一个组成部分，但是仅仅强调这一个部分，我们的教育是不完整的，是有残缺的，是有严重的残缺的。

开启民智，另一方面就是能启发人的创造性，启发人向上的精神力量。教育不仅仅是实用性的，还具有超越性的层面，但是我们中国今天的教育是缺乏超越性的，只有实用性，这是非常可怕的。

在历史研究当中，我们常常会强调三个"新"：新材料、新观点、新角度。如果我写的这篇文章、这本书，这三个"新"当中一条都不符合，那就是一篇垃圾文章、一本垃圾书，基本上没有什么价值。我们的教育今天就面临着除了复制知识以外，没有提供更多通向未知的可能性，激发起学生的兴趣、好奇心，启发他们的创造性和想象力的处境。当然不是完全没有，不是说所有老师那里都没有，郭初阳那里就有，他的课堂就充满了创造的乐趣，充满了奇思异想的东西。童蓓蓓的课堂上也有，很多老师的课堂上都有……在他们那里有创造的乐趣，有未知的、不确定的可能性，可为什么没能发扬光大，成为这个时代的标准？也许，这才是我们应该关心的。

我曾写过一篇文章，发表在《新周刊》上，题目叫《大学教授是先生，小学老师更是先生》，另外我有一篇讲话的整理稿，题目叫《小学语文课本，代表了一个民族文明的底线》，这两个题目大致上代表了我对中小学教育的一些理解，尤其是对小学教育，我现在更加关心小学教育，希望中国有更多一流的人成为小学教师，从事小学教育工作，让我们的未来掌握在自己手里，走一条阳光的、可持续的、温柔的道路。我不抱怨，我相信得寸进寸，水滴石穿，水到渠成。

2012 年 9 月 9 日在北京西山大觉寺讲，根据录音整理

小学语文课本，代表了一个民族文明的底线

　　想不到，有关小学语文课本"母亲与母爱"的批判引发了如此热烈的反响，首先是因为我们现在的教育确实很有病。我比较关心本国的历史，尤其近代以来的历史，最近网上有篇文章好像叫《怀念民国是种病》，虽然观点我不能苟同，但这个题目我很喜欢。为什么怀念民国？其实是因为我们今天有病，所以才会去关心民国，关心民国的历史，包括关心民国的教育。正因为这个时代病了，所以要寻找另一个时代，寻找另一个不病的时代。《救救孩子：小学语文教材批判》针对的就是当下最主要的三套语文教材的病。上午我们有一个小范围的对话，有来自杭州几个高校的教授、关心教育的时评家、教育媒体的编辑，当然更多的是中小学语文教师，我们谈到了小学语文教材在一个人生命中应该是怎样的地位。我的一个最基本的看法是，小学语文课本，当然不可能代表一个民族的文明高度，但它代表了一个民族文明的底线。在底线的意义上，我们的国民是由小学教科书塑造的。小学教科书尤其是语文教科书担负的责任，比任何一个阶段的教科书都要重大。如果你在小学阶段读的教科书是高品质的，代表一种文明的健全的常识教育，那么即使你不读中学，不读大学，也能成为一个完整意义上的健全的人。

　　我有幸与一些老辈知识分子有过直接的交往，他们的大学教育或中学教育基本是在 1949 年以前完成的。很多老先生在他们的回忆文章或交

谈中不约而同地告诉我，对他们影响最大的其实不是大学教育，而是中学教育，甚至是小学教育。浙江有一位音乐家周大风，是《采茶舞曲》的作者，他只有小学文凭，初中上了一年就失学了。我读了他那些回忆小学时代的文章，非常震撼，他是1923年出生的，在浙江镇海县乡下的灵山小学，从1931年至1936年，他接受了健全的小学教育。灵山小学所给予他的精神资源，在他通往音乐家的道路上产生了至关重要的影响，所以他回望一生，对那所学校充满感恩。还有不久前刚去世的出版家范用也只读过小学，他的最高学历就是小学，所以他一生都要回到他的小学去，不断地回去，我指的回去不一定是身体回去，那个老学校早已成为一片废墟。他要不断地回到他的小学时代，因为那里有儿时给予他的精神装备。在江苏镇江的穆源小学图书室，他不仅读过《儿童世界》《小朋友》《新少年》，还涉猎了《东方杂志》《大众生活》这些成人刊物，当年商务印书馆出的几百本"小学生文库"和中华书局的"小朋友文库"，各门各类的书都有，他都浏览过。以后他就再也没有机会上学，抗日战争爆发，他就进出版社做学徒，后来成了受人推崇的出版家。

这两天我正在读一本回忆录《巨流河》，作者齐邦媛，是民国历史人物齐世英的女儿。她毕业于武汉大学外语系，后又在美国的大学读过书，她是一个翻译家，外文系教授，长期在台湾大学等校任教。台湾许多翻译家、作家都受惠于她，或出自她的门下。她是一个桃李遍台湾的老人。她的长篇回忆录600多页，我所读出来的，对她一生最重要的并不是她的大学教育，而是中学教育。她的小学教育在颠沛动荡之中完成，但是她受过最好的中学教育。她是重庆南开中学毕业的，她一生最难忘的是六年沙坪坝的岁月，她把在沙坪坝发生的点点滴滴都写下来了，非常的生动。我觉得最终成就她的主要精神资源有两个，一个是中学教育，一个是基督教资源。她在大学的时候开始参加团契，大学毕业受洗成为基督徒。中学教育可以说比她的大学教育还要重要，当她写到沙坪坝南开中学的时候，她的笔端就流淌着最深的感情，南开中学在她心目中就

美的相遇　傅国涌教育随想录

是最好的中学。她特别讲到南开的语文教材，初一到高三，从来不使用出版社编的，都是学校自编的，语文教师孟志荪是主编，南开的教材形成了完整的体系。到了高中的时候，有两门选修课对她一生影响特别大，高二是唐诗选，高三是宋词选，她背诵了几百首诗、几百首词。她后来读了大量外国文学作品，很容易把中西文学打通，就来自少年时代的那种基本功、那种滋养，那里面有供给她一生的精神养分。

今天我们讲教育，无非有两个资源可以借鉴，一个是纵向的本土资源，一个是横向的来自外国的资源，主要是西方的资源。我们追寻纵向的资源，有些人往往一追就追到孔夫子那里去了，当然孔夫子有他优越的地方，但这不是今天我们要讨论的话题，这是一个关于传统文化的问题。如果说新式教育的话，从它诞生到今天，也不过100多年，中国到20世纪初才有了中小学。中国新式教育的诞生很有意思，它是倒过来的，先有大学后有小学，北大前身京师大学堂最初的几届学生，招的都是有功名的。可以说，中国的新式教育起步很晚，完全是参照西方模式（日本学的也是西方）建立起来的，但很快形成了自己的传统。这100多年的时光，从大的方面来看，可以分成两个阶段，第一个阶段到1949年画一条线，从晚清到民国没有什么大的变化，一条线下来，大致上不到50年，也就是只培养了三代人，三代人中岁数大一点的在1957年全军覆没，退出了历史。我们都不是民国中人，我们都是共和国人。共和国人受的都是1949年以来的教育，依它的教科书体系来说，完全是对中国早期新式教育的一种反拨。早期新式教育是常识教育，就是说，它要通过教科书教给中国的孩子们基本的常识，而不是教给他们政治。1949年以来的教科书告诉我们的主要不是常识而是政治、意识形态。我们的教材不是围绕常识理念或者说基本的文明价值编的，而是围绕着政治编的，虽然其内容随着政治形势的变化而变化，但围绕政治这一点则没有什么变化。这套教科书体系从某种意义上说，是对以往40多年新教育所做努力的一种逆转。前面40多年打下的基础，在1949年以后基本都被改变了，尤其是人文价值方面。陈丹青先生是个画家，喜欢看人的面孔，他说民国的老照片，无论是市井的下里巴人，还是精英，一个个站在那里就有一种"民国范儿"。我们看看今天的明星，演民国的人物，总是演不出那种精神气质。为什么？你没有那种教养，没有那种环境，你已经生在一个无根的年代。不久前，我找几个朋友一起编了一套书"回望民国教育系列"，其中一本是郭初阳编的，关于民国时代的性教育，王小庆编的是《民国时期的公民教育》，许骥编的是《教育到底是什么？》，讲民国知识分子是怎么看待教育的，他们的教育观，蔡朝阳为这本书写了一篇长篇前言，前面部分是他对民国教育观的理解，后面部分是一个有 14 年从教经历的中学老师的切身感受，对应试教育痛彻肺腑的感受，可以看到今天的教育大致上是一个什么状态，归结起来就是一句话：这个时代的教育有病。所有的时代都有病，但病有轻重大小，有感冒发烧，也有癌症等不治之症。

在这样一个背景下，《救救孩子》这本书出来了，也许这不过是一部抛砖引玉之作，希望引起公众对教育的关心和讨论，它是凭借很多中小学老师的群体力量完成的点评。实际上，它只是一个开头，一个起点，引起大家对小学教育、小学教材比较深切的关注。我觉得，在一个人的一生中，小学时代基本上就是奠定价值根基的时代，如果在这个阶段所接触的、所学习的都是跟文明的基本常识相吻合的，那么成为健全人的可能性就加大了。不是说人的将来不会有变化，通过大学教育，通过自己读书都可能改变，但是在这块土地上，很多人没有机会接受大学教育，很多人即使要接受大学教育，他也不喜欢阅读，阅读对于他是一件可有可无的事，这样的人占绝大多数。对这些人来说，如果小学的语文课没有教给他最基本的文明常识，他的一生就限定在这样一个价值观，这样一个文明底线上，基本上不会有变化。你要他有所改变，太难了，因为他没有其他的资源。一个人要变成什么样的人是需要有资源的，比如接触什么书、什么人、什么环境，如果这些都没有，一个人至少读过小学吧，小学教科书规定了许多人一生的底线。所以，我说小学教科书要比大学教科书重要一万倍。过去我特别重视大学教育，十年前，我对小学教育不屑一顾，因为我觉得小学教材很肤浅，小学教育不需要关注，小学教育是低端教育，根本就不需要理会它；最需要关注的是高等教育，因为高等教育可造就一代新人，未来的社会是由受过高等教育的人所主导的。但随着时间的推移，我越来越把关心的方向向下转移，先是转到中学，现在我更关心小学。我曾一度热衷于到网上购买民国、晚清时期的老课本，但是收获甚少，只买了一小部分。后来知道一个师范大学的教授收藏了清末以来几乎所有的语文教科书，通过一个朋友的努力，这些老课本在不久的将来会影印出版，成为大家都可以共享的公共资源。

我们可以看看，前人曾把教科书做到了什么水准，达到了什么程度。在 1949 年以前，商务印书馆、中华书局、开明书店、世界书局编印的教科书占据了主要的市场份额，它们都是民营的出版机构。国民党执政期间，很长一段时期都没有自己出教科书，更没有垄断，直到 40 年代之后，官办的正中书局才出版"国定本"教科书，但是影响有限。商务印书馆的教科书长期占有 60% 的份额，后起的开明书店，它的语文教科书很快得到社会、学校的广泛认可，现在我们可以买到的一套开明书店编的教科书，课文是叶圣陶编写的，插图是丰子恺画的。一个小孩子从小读这样的教科书成长，即使不受高等教育，他达到文明的基本底线也是没有问题的。因为教科书从小教给了他看待世界、看待自然、看待人生、看待社会的基本尺度，课本编得非常讲究，非常有逻辑性，对不同年龄的孩子不同的接受能力也有细致的考虑，而且文字的准确性、美感都是没有问题的。

今天的教科书当然不可能是叶圣陶来写、丰子恺来画了。世上已无叶圣陶、丰子恺，我们要做的就是使教材更富有人性化，具备基本常识，更靠近普世价值，更具有审美感，更有逻辑性，而不是用另外的标准来编教科书。事实上，这几年也一直在改变，尤其是中学语文课本的改变

第二辑 与教育相遇

是非常大的。与我们的中学时代，《为了六十一个阶级兄弟》以及魏巍那篇《谁是最可爱的人》红遍天下，完全不可同日而语了。现在就连胡适之先生的文章也选进来了，梁实秋的文章也选进来了，林语堂的也选进来了……教科书中要体现更多元的文风，不同风格、不同价值观、不同类型的作家作品都能在教科书里出现，这样学生得到的营养就是丰富全面的。一个民族，如果把小学的语文教材轻易放弃了，只去抓大学教育，抓高端，而大学的生源就是小学教育培养的，你要在大学几年当中彻底改变学生的精神底色，难度很大。所以还是要从根基上给一个民族提供基本的文明底线，从小学阶段开始，当然也要依靠中学阶段，如果没有好的小学教育、中学教育，真不敢想象有什么好的大学教育，我们的大学教授也是从小学、中学读上来的，他的底线同样在根本上为这套教材所规定。我觉得追问题要追到根源上，如果说中国的教育要有所改变，还是要从起步的地方开始，课本就是一个切入口。

　　小学课本的现状比中学课本要差，和过去的老课本相比有非常大的落差。你只要去看老课本曾经达到的水准就知道了。我记得商务印书馆1912年出版的《共和国教科书》，其中有一篇课文讲泰坦尼克号遇险，那时候，泰坦尼克号事件刚刚发生就进入了中国的小学语文教科书，用半文言写下了那场沉船事件，悲壮的同时充满了人性温暖的很多细节，就像我们后来从电影中看到的一样感人，我们现在的教科书中是不大可能见到的。但是在99年之前就出现了，那是中国自己的学者编写的。我发现，那个时候参与教科书编写的，尤其编小学教科书的，往往都是一流的学者，像张元济、王云五这些人或在新学或在旧学上面都有很深的功底。王云五没有读过大学，但是他自学英文，成为胡适的英语老师。他20多岁就登上中国公学的讲台，他把《大英百科全书》通读了一遍。还有夏丏尊、叶圣陶、丰子恺等一流的作家、学者、艺术家都参与了小学语文课本的编写。那个时代对小学语文课看得非常重，认为这就是一个民族的根基，是培植一个民族的文明血脉。如果这个根抓得不好，怎能

美
的
相
遇

指望这个民族往高处走？所以他们把这件事情看得非常重要。

我们的时代，教育有问题是一个基本的共识，连总理都要在日理万机中呼吁"仰望星空"。教育是一个民族的生命线，而今天的教育是有病的教育，只挑毛病是不够的，只批判是不够的。郭初阳他们对现行的三套语文教材中的"母亲与母爱"问题进行了梳理和批判。"救救孩子"，这是一个鲁迅式的问题，是一个沉重的呼喊，这么重大的问题仅仅靠出一本《救救孩子》的书是远不够的，他们也只是把这层窗户纸挑开，更重要的还是建设，从头做起，一步一个脚印，最终编出合乎现代文明标准、可供选择的小学语文教科书来。

2010年10月7日在杭州晓风书屋《救救孩子：小学语文教材批判》新书发布会上的发言，"水流云在"根据录音整理

附：

谈小学语文教材

总体上讲，教材很重要，尤其是小学语文教材，可以说是教育的根本，是一个支点，在我们的教育体系中这是一个重心。从教科书的历史来看，实际上中国真正意义上的现代教育，也只有100多年的时间，其中又分为截然不同的两个阶段，从1900年代开始到1949年，只占了其中不到一半，从1949年至今，倒有61年时间。回过头来看过去的教科书，尤其是小学语文教材，几乎都出自张元济、叶圣陶这些大家的手笔。一个民族的教科书，提供的不仅是最基本的常识，在我看来，它提供的恰恰是民族精神最核心的东西，一个民族的文明高度虽然不是教科书规定的，但一个民族的文明底线是由教科书奠定的。一个人从小由这样一种教材教出来，他的精神底色就是建立在这个文明底线之上的。

刚才张欣兄提到一件事，我们从小读的教材差不多，我上小学也是"文革"时期，记得第一课是《我爱北京天安门》(徐迅雷插话：我们第一课是《毛主席万岁》)，反正一样，要么是《我爱北京天安门》，要么是《毛主席万岁》。大家都是读这些课文长大的。张欣兄说，他到现在早已摆脱了这套教材带来的影响。是的，我们都摆脱了，在座的都摆脱了。但是，假如我们从小接触的不是这套教材，而是更好的教材，我们现在的精神天空，是不是会更高远更辽阔呢？

我曾经一度对老教材产生了兴趣，就到网上去买，结果发现，很难买到。为什么呢？老教材印刷量很大，一印就是几千万册，人人都有，谁也不收藏，认为没有收藏价值，图书馆也不喜欢保存。目前中国保存老教材最齐全的据说是北师大图书馆，但是也不齐全，有残缺。我很想把这些教材变成大家都能共享的资源，但是连母本也找不到，从何谈起。有一个偶然的机会，知道湖南师大一个教授收藏了很多旧教科书，就试着给他写了一封电子邮件，他收藏的也许比任何一家图书馆都齐全。又碰到一个朋友愿意把这些老课本影印出版。如果快的话，从今年年底起，就会有三套晚清到民国早年的小学语文课本陆续影印出版。如果反响好，他还打算把开明书店、中华书局、世界书局的都印出来，现在要出的是商务印书馆的，那是出版教科书最资深的，也是最好的。

我看了这些教科书，形成一个基本概念，这套教科书给我们这个民族提供的文明底线是非常高的。语文教育说白了是一种根基教育，它要给人奠定一个基本价值，如何看世界、看自然、看人生，这一切更多的是通过语文课奠定的。语文教科书如果编得不好，整个都毁了，再好的老师也扭转不了一套坏的教科书，因为教科书是母本，在孩子心中具有权威性，辐射能力很强，如果课本不行，你再怎么讲，其他都很难改变。

尤其在我们这个时代，我觉得塑造国民精神的，主要是两个东西。一个是从小学语文教材到大学文科的整个教材体系，这是主体。因为中国 13 亿人口，泱泱大国，大部分人是不读书的，我指的是不读课外书，要读也只读于丹、郭敬明之类。这样一个民族，如果教科书出了问题，整个民族也就出问题了，所以我们得守住教科书这条底线。如果把教材编好了，即使老师教得差，学生还是可以通过课文获益。一个差老师改变不了好教材，我觉得学生有自学能力，还是要选好的作品，使孩子有机会接触。

晚清最初编教材时，根本就没有母本，完全是原创。那时只有《古文观止》《唐诗三百首》这些选本。新式教育是从头开始，要选的新文章也没有，还在流亡的梁启超是个禁区，鲁迅还在求学阶段，还没有诞生伟大的作品。所以，国文课本只能靠编写，就是知识分子自己来写课文，一课一课来写。他们写课文有一个特点，就是结合孩子的实际情况，围绕孩子处于某个年龄段应该认识什么，从天地万物到人生，到节气，到社会生活，一步一步推进，利用这个规律来编写教科书。而且他们也考虑到了孩子认识的局限，所以编得很浅显，但是他们可以做到什么程度呢？"立宪""议会"都编进了高小的教科书里。当时中国的热点是君主立宪，正值立宪运动兴起，"议会"中什么议长席、议员席、新闻记者席，也许学生不是很懂，但是这些时代的热点，当时追求的现代政治理想，通过教科书可以告诉他们。

1924 年商务印书馆出的《新学制教科书》是最成熟的，同时代其他出版社的教科书也出来了，包括中华书局、世界书局，到后面还有开明书店。开明最晚，要到 30 年代才出来，但开明的课本很好，我看过一套，是叶圣陶编的课文、丰子恺画的插图，有些还是丰子恺写的毛笔字。今天即使环境允许，凭个体的力量也无法做到了，因为今天既没有叶圣陶，也没有丰子恺。

到国民党统治的时候，1928 年以后，教科书体系有一些改变，就是政治意识插进来了。1928 年之前的中国，教科书基本上没有受政治的干扰。晚清政府对教科书的影响非常微弱，北洋政府对教科书的影响几乎没有。北洋政府是最弱势的政府，不是大一统的中央集权制的政权，各个地方相对是独立的，可以叫军阀割据，也可以叫别的什么。政府对教育几乎没有影响，教科书完全是知识分子自己编的，民营的出版社出版的，完全是学校、老师自己选择，没有强制约束，教育部只管教育行政，不管这些东西，教学的内容它都控制不了。国民党掌权之后开始有意识形态，教学大纲规定，孙中山的故事在小学阶段要有几篇，这是硬性规定的。这样一来，非教育的元素就进来了。但是我看了关于孙中山的课文，总体的评价是一个词：朴素。因为民国的人还没有那样奴颜婢膝。

国民党没有彻底扭转教科书的方向，因为还是知识分子在掌控。国民党自己办的正中书局正式介入教科书，由官方编制的教科书进行推广，是在抗战时期的重庆，1942年前后，很晚了，在大陆的时间只有七年，很短，所以在大陆的影响非常小。影响最大的就是那些民间出版社编的教科书，正是那一套套教科书奠定了一个民族的文明底线。

冰心晚年回忆，少年时代影响她最深的读物就是商务印书馆的国文教科书，一册册读下来，国事、家事、天下事，成了一个作家最初的启蒙。一个人一生中，应该说，按照本来的面目，影响他最深的读物，就是小学语文教科书，如果不是，那教材就失败了。我们现在都不是，小学除了"毛主席万岁"一句能记住，几乎所有的课文都忘记了，一篇都回忆不起来。如果教科书是最强势的，你每天都要去读的，都不能成为一生中印象最深的读物，那肯定是完全失败了。不只是冰心，还有大量像冰心那样的人，后来成为各个领域的精英人物，都曾说起商务印书馆出版的教科书影响了他们的一生，奠定了他们看待世界的基础。《读库》前段时间发表过一篇文章，有关民国初年的"共和国教科书"，作者从云南的旧书市场买了一套老课本，真是漂亮，那课文，每一篇都教给你如何温情地生活，如何温情地看待生活，看待这个世界，充满了人间的大爱。这在现在的教科书里是很难体现的，很难看到的，我们只有对作为宏大叙事的爱，对母亲的爱都是虚伪的，正如诸位所解构的那样。

现在我们找到了一个切入口，从小学教科书进入，其实是抓住了中国教育的命脉，抓住了中国教育的核心问题。而且成了新闻热点，这是大家都没有意想到的。当初小狐把这期《读写月报·新教育》杂志编出来之后，其实只是一个小圈子关注的事情，不是大众关注的事情，没想到后来成为了一个大众话题，新闻热点。这件事本来可能很快就过去了，新闻有一个特点，就是热过了就过去了。这本书的出版又提供了一次进入公共空间进行讨论的新契机。如果教科书都是大有问题的，那我们讲别的东西，无论教育方法、技术层面作怎么样的改变，都是没有用的。根没有变，其他枝枝节节的改变，都解决不了问题。

　　这十几年来，中国社会从整体上来说还是有进步、有变化的，这个书在十年前是出不来的，也成不了新闻热点。之所以它会出来，说明这个社会的齿轮有些松动了。教育成为众矢之的，我们也有机会把这些话说出来，虽然非常温和，非常低调。但是温和低调是一件好事，假如用一种非常激烈的东西要达到某一个目标，我们收获的，也许是它的反面。但是用这样节制的、更多的是讲论据的方式，来表达我们对教科书的看法，这个看法就更好地表达出来了。表达出来之后，成为公共话语了，就有可能成为公共资源，成为更多人可以共享的资源。这个资源就有可能使全民族回归到更加接近常识的、跟文明更加靠近的底线上去。我们现在做的一切，说白了其实就是回归，就是回归文明的最低限度，我们做的不是提升，而是回到商务印书馆做教科书的那些人的起点去。回到他们那里，接上他们的茬，站在他们的肩膀上，那么我们以后也可以编出好的教科书。

　　这就是说，我们破了之后要有立，不破不立，有破有立，大破大立。我们知道，建设永远比批判更重要。要有批判，但更重要的是建设。建设性、可持续、低调，是我长期以来总结出来的三个词。今天的中国，你如果还对这片土地抱有最后一寸希望，愿意留在这块土地上，还希望跟这片土地共存亡的话，那么你要做事，要坚持建设性、可持续、低调，要追求得寸进寸，有一件事做一件事，步步为营，而不是追求一次性的轰动，追求高调的激进的口号。事实证明，步步为营很有效，这也是推进文明的一条重要路径，胡适的路径就是得寸进寸，他不是一个得寸进尺的人，更不是得寸进丈的人，他不指望在地上一夜之间建成天堂。我们今天也不能指望一夜之间在中国建一个天堂，不要说一夜，一千夜也不行，所以我们只能指望走一步就是一步，每一步都是坚实有力的。就像批判小学语文教材，不是笼统地、空洞地说这个小学语文教材很不好，而是细致地指出哪里不好，一点一滴的，要具体而微。批评需要具体而微，建设也需要具体而微。小的事情才有可能做成，哪有一件大的事情是可以一下子做成的？世上没有这样的事。初阳说得对，这是一个起点。我们从这个起点上可以对中国现存的教育体系包括教科书，进一步说很多话，做很多事，包括对中学的教材也可以去做一些事情。

刚才我说，这个时代的国人主要受两样东西影响，一个是教材，就是从小到大的教材，基本上就构成了大多数人一生的底色，价值观、思维方式全部由此奠定了。第二个，就是成年以后，以《新闻联播》为标志的整套新闻传播体系，一是《新闻联播》，一是主流媒体的头版报道。这塑造了所有的成年人。因为中国人接受信息是很有限的，接受信息的能力有大有小。接受信息能力强可以自己去找，有寻找的能力；可以自己去作判断，有判断的能力。但是你要搞清楚，在这个世界上，绝大部分人，是没有寻找信息、判断信息、筛选信息的能力的，他们只能接受最容易得到的信息。最容易接受的信息，对他们就构成了最大的甚至是根本性的影响。一个人，成年以后除受新闻影响以外，在他的一生中，受教科书的影响最深，多数人并没有教科书以外的阅读，除了课本里的那点东西，就没有其他的知识来源了。在这样的情况下，你说教科书影响不大，对于大多数人而言肯定不是啊。少数人之所以摆脱了教科书的影响，是因为他们还看别的书，那当然就摆脱了。世上的道理没有那么高深的，再高深的道理也是朴素的。其实老师的作用就在于引导学生阅

美的相遇
傅国涌教育随想录

104

读，让他知道什么是更好的东西就够了。你再教他最差的东西，同时告诉他什么是好的，就功德无量了。

刚才张欣兄说的解释、不解释的问题，我想到一件事情，从语言本身的规律来说，从技术手段来说，孩子从小背东西是最容易的，因为他记忆力好，确实不需要解释，"床前明月光"，需要解释吗？你只要让他背熟就好了，他自然能体会其中的意思。有些东西，比如说四书五经比较麻烦，《尚书》连王国维都说他不能解的有十之五，《诗经》他不能解的也有十之一二。王国维都如此，其他人可想而知。要找到能准确明白地给出解释的老师，真是不容易。胡适在《四十自述》中说，别的孩子读了书以后啥也不知道，就是背书，而胡适家给老师的钱多，老师就悄悄给他开小灶，告诉他书中那些话是什么意思。胡适的妈妈很聪明，她多给钱只有一个条件，就是叫老师"讲书"，这是徽州土话。胡适的一生确实也得益于此。有些东西就是读，尤其是美文，是审美性的，不是说理性的，不需要讲，孩子比你还厉害，你那点厉害是知性的厉害，孩子的厉害是感性的厉害。小孩子七八岁、八九岁，读《古诗十九首》以来的诗不需要怎么解释，光是凭节奏、语感、韵律也能得到启发。那些理性的、知性的，如果不解释，确实稀里糊涂一笔账。"大学之道"，在于什么，他理解不了，还是需要讲一下。

现在的问题是提供的文本本身根本不值得讲，尤其是小学，有什么可讲性？最违背常识的东西都编进来了。不同的人编出不同的东西来，但是能编出符合文明常识的教材的人，往往进不了教材编委会，所以只能在这里喊"救救孩子"。

2010 年 10 月 7 日上午在杭州越读馆《救救孩子：小学语文教材批判》座谈会上的发言，由蔡朝阳根据录音整理

重新寻找"一"

教育担负找回"星空"的使命

今天是一个什么样的时代？虽然每个人都生活在这个时代，但未必都有清楚的认识。不久前，我和一位企业界的朋友一起跟一群年轻人对话，她对这个时代有个概括，我觉得非常有意思。她说："自唐代以来有一个规律：凡是经济繁荣了，一定会出现四个现象。第一，富人们一定开始消费奢侈品，所以中国现在成了世界上最大的奢侈品消费市场。第二，收藏品市场空前活跃，有钱人会把钱投入收藏品市场，收藏各种各样的东西，包括茅台酒。第三，这些人在富起来之后，也会做些小慈善，献一点爱心，很大程度上是一种表演，一种作秀，是让自己内心获得满足的一种手段。第四，是养生盛行，对身体越来越在乎了。"

这四个现象，确实说出了我们这个时代的一些特点，特别是富人阶层的活法。这个时代社会风气的败坏、道德的沦丧，是摆在我们面前的一个现实。上至达官贵人，下到平民百姓，在这一点上是有基本共识的。温家宝总理对中国的道德问题深恶痛绝，而且他也知道无药可救，所以他不断地"仰望星空"。但是"星空"在哪里？"星空"在我们的心里，在每一个教育者和受教育者的心里，教育担负着把"星空"找回来的使命，在诸位老师的身上实在肩负着一个民族的重责大任。唯有教育改变了，这些问题才可能慢慢改变。

今天我们都生活在一个不健康的社会里，不少人已开始自己种菜，吃自己种的农作物。每次和朋友们一起在饭店吃饭，免不了感慨一桌子的菜，有哪一个是安全的呢。农业部的高官公开说，中国的蔬菜、粮食如不使用农药，中国人就要饿死。这都是摆在我们面前的真实问题，没有办法在短期内解决。这就是我们看到的时代。

如果从 1949 年算起的话，我们已经进入了第三个"三十年"。第一个三十年，中国人都在搞阶级斗争，是搞政治的三十年；1978 年以后，我们以经济建设为中心，这是搞经济的三十年，搞到现在也差不多了。去年，我们已经成为 GDP 第二的大国，世界第二大经济体，所谓"金砖四国"（中国、俄罗斯、印度、巴西）中，中国是龙头老大。中国已经保持了二十年的高速增长，但是从去年开始，我们的经济滑下来了，而且眼看以后不太有可能恢复到过去的高速状态，中国过去增长的条件，比如资源、劳动力等，都不再有优势了。未来的二三十年，很难再指望和以前一样容易赚钱。企业界有头脑的人都知道，中国的资源都快被挖掘尽了，廉价劳动力都快用尽了。接下来的三十年，我们将要面对重心的转移，就是搞社会建设的三十年。社会建设的中心是什么？就是要建设一个健康的社会，一个健康社会的前提就是要有健康的教育。所以，教育是社会建设或者中国未来的基础。

未来的三十年，教育的重要性会进一步凸现出来。其实，即使从《人民日报》等主流媒体来看，对教育的批评，其尖锐性有时还高于像《教师博览》这样的教育类杂志。我曾写过一篇批评教育的文章《"思考"课替代不了独立思考》，观点也非常尖锐——全文放在自己的博客上，没想到过了几天被《人民日报》转载。包括电视，许多媒体对教育现状基本上都是持否定的态度。从事教育的朋友身在庐山当中，有时候反而看不清庐山的真面目。

平台、精英、团队——改变教育的三个关键点

社会有毛病，教育不健康。要建设一个健康的社会，需要有健全的教育，就像人需要健康的身体。昨天在厦门跟一个在大学任教28年的朋友聊天，他感觉教育真的一点希望都没有。他说写了一篇文章《如今学生不读书》，会考试而不是读书成了大学生的常态。原因是教授不读书，教授弃书在前，学生跟着弃书。这就是现实，在这样的背景下，我们来讨论教育的问题，起点当然是批判性的，但只有把终点落在建设性上，我们的批判才有意义。我想提出三个词：平台、精英和团队。

第一个词：平台。《教师博览》作为一本杂志，也可以看作是一个平台，网络是今天中国最大的平台。我知道，今天教育中有一点活跃的力量，有一点生命的力量，基本上都是通过杂志特别是网络慢慢凝聚起来的。比如，原来的《教师之友》杂志和"教师之友论坛"，一批有理想、有实力的年轻教师在这里碰撞、成长，彼此成全，渐渐发生了一些影响。比如，张文质他们的"1+1"网站，生命化教育就是通过这个平台慢慢地发展起来的。

第二个词：精英。过去我们对这个词有很大的误解。去年，在腾讯网的"燕山大讲堂"，有听众问我什么是"精英"。我给"精英"下了一个新的定义，精英不是指有钱、有权、有名的人，精英最关键的是要负责任，对这个社会承担责任，对民族的未来承担责任。他可以是工人，可以是从事任何一种工作的人——只要他愿意对这个社会承担责任，并有能力承担。精英不是根据权力标准、金钱标准、社会地位来界定的，而是根据他能不能负责任。自古以来，支撑中国两千年的精英就是士绅。这些士绅，都是有土地的人，读过书的人，但他们不是因为有土地或读过书而成为精英，而是因为他们能承担责任。一个人，如果对这个社会没有任何责任，只管自己吃饱，他不会成为精英。有权证明不了什么，

傅国涌教育随想录
美的相遇

有钱也证明不了什么，每个人都必须以自己的言行来证明自己，赢得他人的尊重，成为这个时代的精英，关键是负责任。

没有平台，精英缺乏表达的空间；有了平台，精英就可以冒出来。刚才我强调了精英负责任的一面，另一方面精英要有足以安身立命的支点。一个人没有专业或技能，同样不可能成为精英。精英总是有自己赖以立足的某一个领域，他可以是一个教师、一个记者、一个编辑、一个律师、一个作家、一个科技工作者，当然也可以是一个修车匠、一个技工、一个司机、一个厨师、一个售货员。无论在什么领域，只要你能做得好，吃自己的饭，就是具有生活的支点。在这个基础上，具有社会关怀，能够负责任，就可以成为精英。有些人，也许专业做得很好，但是对社会上发生的事情漠不关心，更谈不上承担责任，那就算不上精英。我觉得关心有两个层面，一个是行动上，如果你有充分的时间，充分的精力，也有足够的能力，你可以用行动关心；另一个是用自己的内心去关心，默默地关心，社会上发生的事即使与你没有直接的关系，但你基于人类的同情心、怜悯和爱，也会去关心，哪怕不是通过行动表示。

教育其实是一个很宽泛的概念，如果仅仅把教育限定为学校教育，未免太狭隘了。中国开始出现"有闲阶级"，有钱又有闲，愿意花时间读书，也愿意关心这个社会。在这个人群之中，可能会出现未来中国的士绅式的人。今天中国需要恢复精英阶层，士绅阶层在晚清之前一直是中国社会的支柱，进入民国仍在发挥作用，60多年前最终被疾风暴雨的革命摧毁了，在这以后中国其实没有精英了，只有单位人，只有干部，或者说只有职务人。一个人要是没有职务，就不会发生影响，这个影响不是因为这个人，而是因为这个职务，离开了这个职务，也许就什么都不是了。过去的中国不是这样，因为那时官员只到县一级，县以下都是要靠士绅来管理的，如果没有威望，没有能力，没有负责任的自觉意识，他是没有办法管理地方的，他依赖的不是职务。

在今天这个互联网时代，有可能重新造就一个负责任的精英阶层，他们不一定是官员（也可以是官员），不一定是富人（也可以是富人）。如果出现了一批能承担责任的精英，那么中国的转变，包括教育的转变，就会有了一个起点。

第三个词：团队。精英如果是单个的、孤立的、原子化的，很容易被平庸的社会淹没。社会就如茫茫大海，每个人在其中就像泡沫一样，如果你只是一个人，很快就会消失了。如果精英之间有沟通、有对话，逐渐凝聚起来，形成团队，就可以形成一张网络。过去的中国，像圆圈，有一个圆心，不断向外发射，信息也这样向外发射。圆心外面套一个小圈，外面再套一个中圈，再套一个大圈……无限的圈。而今天的中国，像一张渔网，每个人都是这张网上的一个结点，每个结点的改变都有可能导致整张渔网的改变。互联网时代的这张网，真正可以说是天罗地网，所谓"天网恢恢，疏而不漏"，今天才有可能达到。在这张大网上，精英就是一个个结实的结点，互相之间可以呼应。这样的精英如果能形成团队，自然有力量，有生命，并能对整张网形成辐射力。今天的时代，平台、精英、团队，都在形成当中，我想这样的例子有很多，民间色彩的"生命化教育"，是这样的一个团队，示范性很强。当然，任何团队都是从个体的精英出发的。

你的改变将悄悄改变整个教育生态

我记得华东师大的许纪霖教授曾经说：我改变不了这个世界，但可以改变我的课堂。他可以通过自己的课堂去影响学生。某一个老师在自己的课堂上所作出的改变或许微不足道，其影响非常的微小，但是他在悄悄改变着整个生态，潜移默化，润物无声。

昨天我看到《教师博览》文摘版（2012 年第 7 期）的封二人物吕栋，他是浙江桐乡的一个高中语文老师，他也说了一段相似的话：我改变不了什么，但是我可以一点点地改变课堂，在我的课堂里把健康的信息尽最大可能透露给我的学生。虽然学生要高考，非常紧张，但是老师在课堂之中还是可以有所作为的。

这两个人，一个大学教授，一个中学老师，他们说的话意思是相通的。吕栋觉得他现在能做到的就是努力做好一个体制内的普通老师。他跟大家一样需要靠学校发工资，计算着优秀率、升学率，但他希望传达这样的信息：教师在课堂里进行一点点的改变，对大多数人来说并不算难。很多人评价那种有点思想的老师，总习惯把他们当作不可复制的神话，或者是另类教师，这是他最不愿意看到的。

一点点的改变，不需要太多。比如你在教学生的三年当中，推荐了三本书，也许就改变了某个人的一生。一个人可能就受益于一句话、一篇文章、一本书，从而把他的整个人生轨迹给改变了。一篇文章、一本书在他身上可能将埋下一个巨大的核能，将来一旦爆发出来，是不可限量的。所以，我们的课堂的确还是有一定的自主发挥空间的，你需要做的不多，只需要一点点就够了。

十几年来，我对中国教育的关注，经历了这样一个过程：最初我关注的是大学教育，然后关注中学教育，现在又将目光转向了小学，一直在下移。去年我编了一本书《过去的小学》，关注晚清、民国时期的小学是怎样的；此前我编的《过去的中学》，关注晚清到民国的中学是怎样的。我身边的一些朋友，现在的关注点也都在往下移。去年，《读库》的主编老六将1912年的小学新国文和新修身教科书《共和国教科书》影印出来了。从这套教科书中，我们可以看到，中国的语文从教科书层面来讲，曾达到过什么样的高度，当年的教科书是由什么人来编的，编到了什么水平，提供了什么样的讯息。比如，第一课就是"人"，上面画了一家人，有男有女，有老有少，有站有坐的，也有抱在怀中的，非常温馨。第八课是"天地日月"。从认识人到认识自然，从认识身边的事物一步步开始，没有意识形态，没有外加的东西，而且都是从孩子的认知角度出发的。

目光下移，其实就是试图为未来打造一个新社会的基础。经过 30 年的经济发展之后，中国已到了一个转型的关键阶段，我们正处于一个十字路口。今天，正在发生的很多大事都在提醒我们，在政治上，经济上，文化上，社会上，中国都面临着一个新的转折。未来往何处去，甚至还没有清晰的方向。过去我们总是想，能主导方向的一定是权威。但是今天我想，在这样一个全球化的社会，一个互联网的时代，每一个鼠标都在悄无声息地推动着社会的变化。或者说，推动社会往健康的方向演变的主体力量，就是我刚才说的那种精英，愿意承担责任并有能力承担责任的那些中国人，我尤其想强调普通的中国人，精英在我看来也不是高高在上的，而是普通人。

刚才我提到了吕栋老师，还有许多我认识的中小学老师，他们都是我心目中的精英的样本。他们都是普通人，天天都在上班，但是他们都读过大量的书，从小到大阅读量非常大，视野开阔，判断能力非常强，而且跟这个时代是完全对接的，社会上发生的问题，他们了如指掌。虽然他们天天待在课堂上教孩子，但是对这个时代一点都不隔膜。我认为他们就是精英，是这个时代、这个社会能继续往前走的基础。

《新民报》主笔赵超构在抗战时的重庆说过一句话：随便伸出手指头，一戳就是一个窟窿。他的意思是问题太多了，随便在哪里都能发现。从根本上说，想解决中国的问题，就要从教育入手，教育是树人，重新培育一代人、两代人、三代人，中国也许就能变成一个新的中国。新中国的意义不是政治上的，社会意义上的新中国必须解决人的价值观、人的素质、人的道德等问题。这不是一代人所能解决的，而是要通过重新造就几代人才有可能解决。80 后有许多都已经做爸爸妈妈了，90 后有一些指望，但指望不太大，真正的希望应该寄托在 00 后身上，他们有可能遇上一个更好的教育环境。

我的儿子是 90 后，从幼儿园、小学到初中、高中，就是一个不断把他的创造力、想象力卸掉的过程。教育的过程，就是把一个人的天性抹平的过程。对此,我是有切身体会的,他小时候不认字的时候,就会写东西,用拼音写,充满了儿童的想象力,到了小学还行,到了初一也马马虎虎,从初二开始慢慢就不行了,到了初三则完全不行了,对语言的灵气、想象力、创造力都被抹杀掉了,老师提供的标准答案,老师提供的作文话题,恰恰是跟他的天性相对抗的。也许这是每一个做老师的人都值得注意的。

我身边有许多朋友是中学老师,大家可能知道郭初阳,他就是因为实在接受不了应试教育模式,在他职业生涯的黄金时代,毅然辞掉杭州外国语学校的教职,离开了体制,但他没有离开他心爱的课堂,他成了一个独立教师,抱着"中国人、世界心",为一个尚未存在的社会培养新人。

胡适当年经常跟青年人说,你首先将自己铸造成器,方才有益于这个社会。这个"器"字实在是一个很了不起的汉字,上面两个口,下面两个口,"器"可以表示器皿,器皿就是有用的、有价值的。首先将自己铸造成器,完成了这一个过程,同时将自己的能力贡献给社会,让这个社会因着你的改变而有了小小的改变。每一个人都做一点点,这个社会就慢慢地改变了。

打破错误定位大中小学的幻觉

我们的文化里面有一个特别不好的、负面的因素,就是怨天尤人。中国人特别容易埋怨、抱怨,总是牢骚很多;其实,与其埋怨、抱怨,不如躲到一个人家不注意的地方,扎扎实实地站在一个毫不起眼的起点上,默默地去做。包括郭初阳的"越读馆",包括蔡朝阳在绍兴从事的文化活动,都是非常扎实平凡的事情,我相信经过他们训练的孩子,未来很可能成为社会的中坚、精英,因为从小就受到这样的熏陶,这样的启蒙,有机会接触这样的老师,有直接的生命的交流。

中国过去的教育是一种手工作坊式的师徒教育，这种师徒教育是有体温的，是有生命和生命的对接的。今天的大学都在郊区，一辆车子将老师拉过来，上完课之后又拉回去了。老师和学生之间很少有课堂之外的接触。这种冷冰冰的教育造成的后果可想而知，就像一堵墙将彼此隔离开来。

社会是人的社会，只有改变人、重造人，这个社会才有可能得到改变。一个健康社会的形成，有赖于一个个健康的人的出现，教育的根本目的就是造就人。在《教师博览》创刊的时候，我记得写过一篇《中学教育的独立性》，我们往往将中学教育和小学教育的地位降低为大学教育的预备学校，似乎小学是不重要的，它只是为了升中学而存在的，中学也不重要，只是为了升大学而存在，尤其是为升重点大学而存在。我们所有的名牌中学都是为了北大、清华而办的，今天北大、清华只是为美国的名校做预备学校，也就是说，中国人实际上是在为外国预备人才，而不是为自己国家培养人才。在今天这个时代，我们对中学、小学的定位有一个错误的幻觉，以为中小学都是不重要的，不独立的。而这件事情，过去是清楚的，我们知道，过去的教育不普及，很多人读了小学就不读中学了，而读大学的人很少，所以中学被看得很重，因为它基本上就是一个人的最高学历了。小学和中学老师的地位和尊严都能得到保证。一个人在社会上最重要的就是一张"脸"，就是体面，如果一个人的职业在社会上没有尊严感，得不到尊重，哪怕你赚最多的钱都是没有用的。现在中小学教师还处于一个比较低的地位，什么时候恢复了他们在整个社会中的地位，比如跟企业家是平等的，跟律师是平等的，跟医生是平等的，什么时候中国的教育就有转机了。这是一个正比例的关系，一个人得到了尊严，他就会付出；如果他在这个职业中得不到尊严，他是不会全力以赴的。

我相信中国的中小学教师至少有很大一部分没有全力以赴，因为他们在这个职业当中没有得到生命的满足，职业就只是一个职业，只是一个养家糊口的手段。所以,我认为,要改变教育,就需要改变教师的地位。但是这一点是非常难以改变的,因为这是结构性的、体制性的。我的想法是,在环境没有改变之前,我们只能改变自己。你让自己有尊严,让自己体面,就需要付出努力。

我常常想,如果说教师是在教书育人,"教书"是一个技术性的活儿,是他的立身之本,但是仅仅停留在这个层面的话,很难让社会认识他,教师同样要对社会有所关心,至少要了解社会,不能说社会上发生什么事都不知道,一问三不知,只会做练习题,这样的教师一定是不合格的——当然,在应试的体制之下已经是够合格的了。有些学生读的书比老师多,老师不读课外书,不读本专业以外的书,那学生就超过他了。我觉得中小学当中应该产生更多的精英,承担更多的社会责任,让社会改变对中小学老师的看法,重新确立他们的地位,使其成为重建社会的中流砥柱。包括中小学的校长,尤其像南通凌宗伟校长这样有想法的——我认识他不久,上次是在哈尔滨,今天是第二次见面。他挖掘出了一个人:刘百川,大家可能都没有听说过。这是民国时期江苏的一个教育家,小学校长出身,1931 年在一所小学当校长时,留下了《一个小学校长的日记》。这个日记你看了就知道了,一个普通的小学校长就是一个教育家,他对于小学应该怎么办,思路缜密,对教育有诚意,完全是从生活出发,从教育本身的规律出发,在他的日记中有大量的鲜活的思考,他将它们一天一天地记录了下来。凌宗伟校长跟刘百川的儿子有很多的对话,写了一篇 12000 字的长文,将一个教育家的思想都梳理出来了。如果不是因为这样一个有心人,刘百川就被淹没了。另外还有一个在永嘉、海宁当过教育局长,以及多次小学校长的,叫王人驹。过去的教育家不一定是身在高位的人,可能就是一个小学校长,但他是教育家,他将自己的很多教育思想、很多第一线的教育实践记录了下来,进行了整理、归纳、综合。所以,那个时代的教育水平,哪怕在日本入侵、国共内战、军阀混战当中都没有拉低。获得"国家最高科学技术奖"的科学家，除了极个别的，大多都是 1949 年以前接受的大学教育。我们知道，时逢乱世，能有这样的成果，证明那时的教育是成功的。

重建"道统"首先要改变话语

面对今天的现状，如果我们想要改变的话，我想首先应该是话语的改变。因此，语文老师的重要性，是超乎其他学科的，我一直都这么认为。但现在的很多语文老师，包括一些很红的名师，我概括他们的问题，就是两个词：第一，太浮浅；第二，太抒情。

一些中小学名师，无论课堂还是文章，你会发现，他们的用词比较华丽，但是在华丽背后却没有内容，一片空洞。这是我们现在教育的问题，门面上都比较好看——教学楼建得比以前漂亮多了，声光电色，硬件硬得很，但是事实上在进步当中退步了。进步是技术性的，退步是价值性的。他们太注重技术层面，具体来说，就是让人感觉很有卖点，而缺少的是生命的对接，生命的交流，也就是没有把真实的生命呈现出来，没有把真实的思想呈现出来。真正的好课堂，就是让学生理解老师的意思，中间有对话，更有内心的交汇，如同一条血管，如果没有这条管道，你的课讲得再好也没有用。

也许今天中国很多的特级教师也是很有想法的，但是受体制的约束，可能多数特级教师都是技术性的，而价值性不够。我看到王木春老师写的一篇文章，讲到了《燃灯者》里面的一个观点，我很欣慰在中国的特级教师当中还有人明白周辅成的微言大义。在中国的教师当中，尤其是校长当中，特别需要能读懂《燃灯者》《巨流河》的人。这个时代好书太少了，垃圾太多了，要筛选出好书来滋养自己，装备自己，并推荐给朋友和学生，实在是一件困难的事。今天市场上的实用书远多于有价值性的书，实用性和价值性有时候是矛盾的。当然，实用性是需要的，但我们必须明白，实用性只是"地面上"的，我们还要有"星空"，只有土地而没有星空，人照样是没有办法存活的。人的存活需要天和地，你不能光盯着地上的这点东西。概括成一句话就是，目前中国的教育太注重技术，也就是"术"，而不重视"道"。今天的时代也可以说是一个没有"道"的时代，无道而有术，那就可怕了，我们过去讲的"道统""学统"都没有了。重建"道统""学统"是今天要面对的问题，不仅是大学，中小学也是一样。我们可以看到，在民国的小学可以有钱穆、叶圣陶这样的人，在中学可以有朱自清、丰子恺、朱光潜这样的人，为什么？这是摆在我们面前的问题。

60 多年来，在中国的中小学中产生过这样的人吗？如果没有，那就证明我们的教育是有问题的，因为我们的教育没有提供这样的空间、机会、土壤，让这样的人能从里面出来。我觉得"道"要比"术"重要，要改变目前的现状就是要从话语入手，就是话语转换。

话语转换是需要付出的，是需要心力的。刚才有人讲到写作个性的形成，其实就是话语的问题，是你用什么样的话语去写。鲁迅的文章拿出来，把他的名字抹掉，你一读就知道是鲁迅写的；徐志摩的作品拿出来，把他的名字盖上，你一读就知道是徐志摩写的，第二个人写不出；张爱玲的作品就是张爱玲写的，不可复制。他们都有自己的一套话语表述体系。

如果一个时代做教育的人找到了一套新的话语表述方式，用跟前人不同的话语来说话、写作，这个时代就开始改变了。我们知道中国一百年来的改变，最大的改变发生在 1911 年前后的那 30 年，最关键的一个人物是梁启超，他把中国人的话语方式改变了。他通过大量的著述，把中国人说话、写字的方式改变了。我们将他写的文章称为"梁启超体"，或者是"新民体"。以后中国的几代知识分子都是学他的，包括胡适、鲁迅，甚至早期的毛泽东，毛泽东的白话文都是从梁启超那里变出来的。

这就是话语转换，他把话语转化了，整个社会也就改变了，话语方式的改变意味着整个思维方式的改变。我非常赞同胡适在 1929 年梁启超死的时候给予他的评价："文字收功，神州革命；生平自许，中国新民。"
一百多年来，中国如果要评一个影响力最大的人，梁启超恐怕也是候选
人之一，因为他从日语里引进过来的很多新名词今天都在使用，比如
"群众""干部""政党""道德""社会"，等等。这些词原本我们是没有
的，或者原来有，但不是这个意思，现在我们使用的还是他的那套话语
体系。当我们说话、写文章的时候，如果使用一套新的话语体系，事实
上社会就开始更新了。

　　所以，老师的作用是很大的，你在课堂上用一套陈词滥调跟学生去
讲，学生听了沉闷，没有新鲜感；但是你用一套新的表述方式将知识呈
现在学生的面前，一切都会不一样了。郭初阳的课能够受到孩子的欢迎
就是因为他的表述常常异想天开、出人意外，让我们成年人都大吃一惊。
他可以给小学五年级的孩子上哲学课，讲苏格拉底，上得深入浅出，可
以让每一个人听懂。他的课堂特点是让每一个孩子发言，话筒是轮流递
的，要转过一圈，当最后一个人说完话，话筒再次回到他手里时，一节
课就基本结束了。我觉得他在话语方式上找到了完全属于他个人的风格，
他不是为应试服务，那是真正的语文，是真正能启迪孩子的创造性的。

　　教育写作也是写作的一种，好的写作是什么样子的？其实就是把你
真实的思考和内心、真实的生命表现出来，生长出来的才是好东西。我
记得哈耶克在 1974 年获得诺贝尔经济学奖时，曾说过一句话："这种文
明不是人的大脑设计出来的，而是从千百万个人的自由努力中生长起来
的。"这真是一句非常奇妙的话。一部人类的文明史表明，所有成功的范
例，先进的社会，都是在土地上生长起来的，未来的好的社会也一定是
在这块土地上生长起来的，跟我们的生活有关，跟我们的生命有关，是
一些走在前面的、有思考的、有投入的、有活力的个体，用自己的生命
浇灌这块土地，这块土地上的植物就生长起来，然后长成一棵棵参天大
树。这是一个生长的过程，不是一个空降的过程，空降的东西是靠不住
的，是没有生命力的。天上不会掉馅饼。

重新寻找资源，就是寻找"一"

大家都认为未来充满了不确定性、充满了不安全感，我想送大家两个词。一个叫"不慌不忙"。另一个词是从湖南人黄兴那里学来的，湖南人有句口头禅叫作"慢慢细细"，也是不慌不忙的意思。我想强调的是不要着急，西方社会经历了三百年的文艺复兴、两百年的启蒙运动，有五百年的铺垫才赢来了 19 世纪以后欧美的昌盛繁荣，在 20 世纪还经历了两次世界大战的挫折；中国到今天为止只经历了一百五十年的转型期，唐德刚说"走出历史三峡需时两百年"，当然，这不是一个准确的、具体的数字，这只是一个大概的说法。但我想说的是，人家经历了五百年才建立了今天的社会，我们把清朝送进了历史博物馆，又经历了那么多的战争、动乱、浩劫，我们今天走到这一步，虽然看上去问题很多，实际上从更长远的历史尺度来看，也算不了什么。

我喜欢讲一句话，历史是一个过程，生命也是一个过程，历史是连接过去、今天和未来的一个链条，我们都只站在一个历史的时间结点上，前有古人，后有来者，真的算不了什么。但是我们这一代有我们这一代的责任，我们所做的其实是为子孙后代留一点好好活的空间。我们现在的资源已经快枯竭了，哪个地方还有资源，中国人都是挖空了心思想把它挖出来。我们对资源的态度是这样的，但是对于中国传统的，或是近代以来的、新的本土资源的开发是远远不够的。我为什么关注民国？因为民国可以让今天的我们找到一些新的资源。民国的资源对我们来说是过去的，是旧的，但是当你把这些资源找回来的时候，却是全新的东西。任何一个时代若是要往前走，就需要参照系，没有参照系，一个人从零开始往前闯，这是多大的浪费啊！如果每一代人都从"零"开始，每一个人都从"零"开始，连一二三四都要我们去创造的话，那你要走到现代的文明程度至少得花几千年。所以，我们一定是在前人的基础上重新起步的，过去的资源之所以重要就是因为它给我们提供了肩膀，让我们不要去从"零"开始，而是从"一"开始。世界上的权呀名呀利呀一切的好处都可以说是一个个的"零"，世人都在疯狂地抓"零"，多一个"零"意味着财富扩大了十倍，但是假如你抓到了所有的"零"而前面没有一个"一"的话，那这一切还有什么意义？

在今天这个时代，如果说重新寻找资源，就是寻找那个"一"。

2012 年 7 月 20 日在"东山岛《教师博览》笔会"讲，邱磊根据录音整理，凌宗伟校对

一草一木皆教育

以一部《中国现代小说史》而闻名的学者夏志清，回忆过他在苏州小学的时光，虽是一所教会学校，却十分简陋，整个学堂不过是一幢较大的二楼住宅房子，操场只是一个院子，点缀了几枝夹竹桃，那是全校唯一的天然绿色，此外更无草地。相距半个世纪之后，他想起母校桃坞中学附小时，念念不忘的竟是那几枝夹竹桃，于我心有戚戚焉。

每次想起在故乡山村中念小学的光景，我记得的也只是校门口的一株高大的木樨花树，每当秋天花开，一树的灿烂、一树的花香，年复一年，那株木樨花树几乎已成了我小学时代唯一的记忆。我们的校舍是由一座庙宇改建的，什么绿色的植物也没有，这株木樨花树可能在有学校之前即已在那里。前些年回去，我还专门去找过那树，村人告诉我，早就被砍了。小学校园自然也成了废墟，什么痕迹都没有留下，但我心中那株让我少年时每个秋天弥满香气的木樨花树从没有消失过，而且这一感受随着岁月的加增而不断加深。对于一所学校来说，在一个学子的心目中，许多时候，或者对有的人来说，一草一木的影响甚至比知识点、课堂、作业、考题还要大，草木无声，却与人在日复一日的晤对中发生心灵的连接。

一个以涵育生命为目标的校园，不能只有冷冰冰的建筑物，而没有树、没有花、没有草。昨天晚上看到"杂交水稻之父"袁隆平的口述，他抗战后期就读于重庆博学中学，这是从汉口迁来的一所教会中学，为英国基督教伦敦会所办，校址在重庆郊区一个叫南岸黄角垭背风铺的地方，虽然校舍简陋，除了一栋半砖瓦半黄泥的学生宿舍，其余都是竹片黄泥房，却有一片风景美丽的山林，四季有鸟语花香。70多年过去了，停留在老人记忆深处的就是这些与教育看似无关的山林花鸟，那是经得起岁月的淘洗的。

1903年，青年王国维在上海《教育世界》上发表《论教育之宗旨》一文，认为教育就是要使人成为完全之人物，也就是身体之能力和精神之能力调和而发达的人，他把教育分为三部分：智育、德育（即意育）和美育（即情育）。中国新式教育尚是学步之际，他就特别将美育提出来，这比蔡元培早了许多，不久他又专门发表过一篇《孔子之美育主义》，说孔子教人始于美育，终于美育，于诗乐外，尤使人注重天然之美，所以，习礼于树下，言志于农山，游于舞雩，叹于川上，都不是无缘无故的，他肯定曾点的那一句"吾与点也"，正是曾点说出了他心中所求的美的境界：

> 莫春者，春服既成，冠者五六人，童子六七人，浴乎沂，风乎舞雩，咏而归。

我理解，王国维所说的美育也不是一门学科，不是要通过修习一门美育课来达到美育之目的的，而是在日积月累中，在整个教育展开的过程中不断地认识美、理解美、享受美，在美中陶冶情感、品性，在美中成为完全之人。美育既可以浸透在体育当中，也可以贯穿在整个"心育"当中，无论智育还是德育，求真求善都是美的，都是美育的一部分。"心育"这个词今天我们已经很陌生，在空心化教育泛滥，技术性当道的时代，"心"在哪里，已经很少有人追问。世人关心的往往是心外的事物，心被看作虚、不务实、不实用，指向心的美育必然不被看重。不少学校可以有钢筋水泥建造的气派大楼，有各种过硬的硬件设施，就是不太看重花草树木，或者认为这不过是可有可无的点缀。殊不知在孩子的心中，那些春天会绽放的桃、李，秋天会结果的柚子，会掉落梧桐子的梧桐树……当时也许没有特别的体会，但在长久的岁月更替之后他们就会忆起。那几枝夹竹桃岂不是安慰过夏志清的少年时代吗？一草一木总关情，一草一木皆春秋，每个人在校园里度过的那些时光，在与书本晤对之外，实在需要与自然、与草木有更多晤对的机会，一片鸟语花香的山林，几枝小小的夹竹桃，一株木樨花树，都可以在不经意间滋润心灵，成为教育不可或缺的一部分，可以说是美育，又超越了美育。

人类的教育究竟要造就什么样的人？在一个文明社会本来应该是很清晰的，就是要造就一代代独立、自由、包容、开放、诚实、谦卑的人，具备这些品格的人当然有一颗饱满的美的心灵。通过教育，一个人是否可以成为牛顿、爱因斯坦、莎士比亚、歌德这样超凡的人？当然可以，但这不是教育所能完成的，这当中有天赋、机会、时代、制度环境等很多因素，有巨大的偶然性，任何一个偶然的因素，都可能导致完全不同的结果，这不是教育所能把握的。教育，应该把握的是让每个人至少是大多数人成为具有上述品格的平凡人，自食其力，利己益人，造福社会，在平凡的人生中照样能活出美好的心灵。

老实说，普及教育归根结蒂就是要造就这样的"人中人"，而不是"人上人"，天才的横空出世不是教育所要担负，尤其不是普及教育担得起的责任。人中人，是一个多么美好的期待。一个社会绝大部分的人都不可能是超人。让人成为人中人，是长期发展出的文明社会要通过教育来完成的基本使命。

如果说这个世界不断地在变化，充满了不确定因素，那教育是要提供确定性的，也就是通过良好的健康的教育，造就出能应对这个千变万化的世界的"人中人"。他们身上有确定性，清楚自己是什么人，能做什么，不能做什么，既不妄自菲薄，也不妄自尊大，只凭着人类对真善美的理解去判断世界万事，而不是以功利的眼光注目眼前的一切，完全沦

第二辑 与教育相通

为物质主义、机会主义、利己主义的囚徒，或者为可笑的民粹主义和虚假的民族主义鼓噪所诱惑，失去了正常的健全的个人主义。

我说的是一种理想化的真教育，与现实之间有着巨大的落差。这个时代，当千千万万的人还怀抱着让自己的孩子成为"人上人"的梦想时，理想化的真教育自然无从谈起，这不仅是体制性的限制，还有整个社会基本认知水平的限制。

不过，即使在这样的限制中，多种花草，多栽树木，还是一件大有意义的事，尤其在校园当中。朱光潜说，求知、想好、爱美是人类的天性，教育的功用就是顺应人类的这些天性，使一个人在这三方面得到最大限度的调和的发展，以达到完美的生活。他称美育为美感教育，认为美育是德育的基础，美善不仅不冲突，而且和谐一致。美的观念，美的心灵，需要更多地接触美的事物。一个满眼都是花草树木的校园，无疑会促成美的心灵。在知识之外，草木也该成为教育的内容，而且不是可有可无的部分。

2017 年 3 月 14 日

为什么要读一点经典

　　说到中国的经典，陈寅恪说过一句话："中国书虽多，不过基本几十种而已，其他不过翻来覆去，东抄西抄。"而朱自清1942年在西南联大写的《经典常谈》，从《说文解字》一直谈到了唐诗、话本、桐城古文。经典不仅有狭义、广义之分，更不限于本民族。广义而言，无论东西方，那些体现了人类恒久价值、经历时间的淘洗沉淀下来的著作，便是经典。何谓人类恒久价值？真善美而已，无论文学艺术、哲学、历史，还是自然科学、社会科学，都指向这三个最基本的维度。冯友兰在《中国哲学史》自序中说得很清晰："人类所有之真、善、美，历史多与以相当的地位。其未得相当的地位者，则多其不真真、不真善、不真美者也。"

　　我觉得，如果要倡导读一点经典，主要是从广义的取向，简而言之，就是去接触那些古今中外真正具有真善美价值的读物。判断的标准在哪里？我想，首先时间就是最好的标准。时间不会作弊，时间更不浮躁，在剔除一切当下的可能影响我们判断的因素之后，才有公正可言。当然也会有例外，不仅有古老的经典，也有今典，就是在时间上离我们还比较近，却已被世人公认为具有经典性。比如泰戈尔的作品，不仅是他的诗，还有他的谈话或其他文字；比如哈耶克、波普尔的许多著作，阿伦特的《极权主义的起源》等；比如爱因斯坦谈论人性、人权和教育等的言论，收集在中译本《爱因斯坦文集》第一卷和第三卷中非专业的文字；

比如离我们并不久远，清理西方哲学史、政治思想史的著作（如罗素的《西方哲学史》、萨拜因的《政治学说史》等），清理中国数千年来哲学、政治思想演变脉络的著作（如冯友兰的《中国哲学史》、萧公权的《中国政治思想史》等），都已成了经典。经典也不一定是厚重的大著，《道德经》只有五千言，《沉思录》只是薄薄的小册子，费孝通的《乡土中国》、王国维的《人间词话》也都如此。

古往今来，那些用不同语言写下的、感动过千千万万读者的文学经典，就不用说了。代表了不同民族最深刻思考的哲学经典，记录着各个民族乃至人类文明变迁的历史经典，还有在不同领域拓展了人类的想象力和思维空间的经典，都在不同的角度、不同的侧面彰显了真善美的价值。某种程度上，教育无非是将古今中外经典著作中传递的这些价值化为普遍的常识，并传递出去，也就是将历代积累的文明成果以简练的方式呈现在孩子们的视野当中，让他们在这里面浸透、陶造，完成精神上的自我成长。教师的作用是指点，是将路径指给他们。一个时代在精神上能走多远，我们往往不知道，一个人能走多远，常常也无法知道，但我们可以确立一个方向，往那里去。读一点经典即是为每个人的精神定位，一个缺乏经典阅读装备的教师没有办法更好地指路，只能在教科书规定的范围内、在教学大纲和考试练习的框架里按部就班，而一个好教师绝不会在此止步。读经典对于一个有更高精神追求的人来说，不是终点，而是起点，是通往更广阔的精神世界的起点。

经典这个说法，在中国尤其容易被误解（比如将读经典与读经混淆），经典也容易被误读，所以，每个人需要有判断力。判断力只能在长期的阅读中慢慢形成，一切来自积累，一切都只能在时间中展开，在时间中完成。经典也是在千百年的文明进程中累积起来，经过漫长的时间的删选，渐被公认的。要想在这篇短文中将这样大的一个题目说明白，实在不可能。我只想说，经典是活的、有生命的，读经典的过程也是一个自我教育的过程，是与人类文明中最有智慧、付出了巨大精神代价的人进行对话，是生命与生命之间的对话。甚至可以说，通过阅读参与到这个还在进行的文明历程当中，读经典因此也成为一个连接过去与将来的过程。教师所从事的职业本身，即与文明相关，需要有一点文明的自觉。通过教师与经典的关系，教师与学生的关系，人类文明的火种可以代代传递，那些经过了时间锤炼的美好价值得以代代确认。教育的最终目的难道不是如此？人的最终目的难道不就是如此吗？

重申基础教育的独立性

　　近来，高中文理分科这个话题成了媒体关注的热点，有些讨论把问题简单化为赞成还是反对，显然没有抓住本质。大凡有一点良知和正常见解的中国人，都不难看清楚，中国教育的症结所在，首当其冲的是高考体制，从考试形式、考试内容到招生方式等等，都存在着很大的弊端，而高中教育乃至整个中小学阶段的基础教育跟着高考走，完全依附在高考体制这个撼不动的庞然大物身上。有人认为，既然高考是刚性的，不可动摇的，那么一切只能服从于高考，文理分科也是为高考的需要而分，这样考生至少可以少考几门课，少受一点折腾。假如顺着这个思路，存在的便是合理的，那么，我们今天的讨论就完全没有必要，也没有任何意义，永远保持现状就可以了。教育部之所以抛出包括高中文理分科在内的 20 个话题，让社会讨论，显然也是意识到了要改变教育现状，哪怕短期内不可能做到根本性的改革，起码也得有一些小改小革。此时，我觉得在理念层次将一些长久被扭曲的观点说清楚，变得尤其重要。

　　首先是基础教育的定位问题，这本来是一个常识，从事教育的人更应该是明明白白的，基础教育有自身的独立性，它不是高等教育的预科，不是高考流水线上的一个环节。换言之，基础教育原本有自己的使命，有自己的内核，有自己活的生命。我们有过许多令人怀恋的老中学，那些曾给予一代代国人精神滋养的校园，那些激发了学生创造力，给了不同学生发挥个性、舒展多样天赋的圣地，也是古老民族生生不息的重要源泉之一。一所好的中学、小学，对一个人的重要性一点也不亚于一所好的大学。然而，随着高考体制推土机般强势的推行，多年来，包括高中在内的基础教育事实上已日趋丧失了自身的独立性和完整性，沦为高考的附属物，文理分科就是其中的派生物之一。

基础教育的根本目标到底是什么？简而言之，就是要培养人，培养公民，这是一个文明社会办基础教育的核心使命，离开了这一点的教育一定是不正常的、不健康的。有人说高中文理分科有利于专才的培养，使学生早一点按专长发展自己，有助于将来的专业成长，可以多一些时间积累。这个观点正是背离了基础教育的目标和内涵，培养专才从来就不是基础教育的责任，普及性的基础教育本质上就是通识教育，是针对普通人的，它通过知识的传承、体育和集体生活的训练，旨在造就一个个受过文明知识熏陶、具备基本常识的普通人，培养一个个有独立思考能力、足以承担社会责任的健全公民，也就是铸造一代代社会的基石。而绝不是为了给高等教育输送很会做习题、填写标准答卷的学生，人永远要比机器或工具重要，一个民族即使满大街都是考试能人、答题高手，又能怎么样？

他们最多只能把考上大学当作终点，以为人生在世终极目标就是拼高考，拼过了这一关，便一劳永逸、万事大吉。基础教育造出这样的人越多，我们的教育便越失败。前几年，华东师范大学心理咨询中心就公布过一份《新生适应心理准备状况调查报告》，随机抽取该校 294 名新生，27% 的学生是走一步，看一步，没有任何短期或长期打算，没有方向感；51% 的新生有近期规划，集中在学习、打工、社会实践几个方面；39% 的学生有较为长期的安排，也只是集中在读研、出国和未来就业方面。而读研、出国对大多数人而言，就像他们从小学到中学奔着考大学这个目标一样。他们不仅普遍缺乏长期的打算，就连大学期间的学习动力也没有了。负责这项调查的心理咨询中心副主任张麒说："不少新生把高考当成了自己的终极目标，以为进了大学后就可以停止人生的追求，从而失去了努力的方向。"他分析说，许多学生把"考上大学"作为其人生的最终目标，即使在大学阶段把目标定为学习和考研的那些人，也只是一种惯性，是中小学时代做一个"好学生"的延伸，并无长远考虑和自我价值的定位。实际上，在大学拼命扩招，一方面大学行政化，一方面大学企业化的今天，加上就业形势如此严峻，"上大学"根本不能当终点，甚至连饭碗都悬在空中。

这绝非一个特例，而是相当普遍的现象。我无意把矛头指向那些把"考上大学"当终点的莘莘学子，他们只是可怜的受害者，在很大程度上，他们是这个时代的教育体制特别是高考体制以及社会环境塑造出来的。从上小学起，甚至从幼儿园起，学校、家庭和社会给他们的熏陶、灌输和教育，都是围绕着考大学、考重点大学、考名牌大学这个单一目标的，耳濡目染，已经内化为他们的思维习惯，悠悠万事，唯高考为大，高考是天，一切都给高考这个中心让路。中小学教育没有了自身的独立性，学生12年的美好光阴都奔着这一次决定终身的高考，仿佛他们是为高考而生的，好不容易到达终点站，他们的神经当然会彻底放松下来。这个教育体制是完全按行政的意志设计的，背后实际上是非教育的思路在作怪，这样，通过高考流水作业，培养出大量只能应付考试、没有独立思考能力的人。一句话，今天的教育之所以变成高考教育，从而将人工具化、机器化、原子化，就是这一思路的产物。

重申基础教育的独立性，因此而迫在眉睫。睁眼看看，我们毋庸讳言，今天的中小学教育事实上已经异化为单一的高考教育，学生、老师甚至家长都被绑在这架停不下来的战车上，不仅严重限制了学生，也严重限制了老师的全部创造性，全部独立思考的可能性。其结果只能累死学生、老师，也戕害了一个民族的生机和活力。要让战车缓下来，停一停，需要教育制度的改革，同样需要国人在价值层面的反思。恢复基础教育的独立性，让所有教科书、教学手段、练习、考试不再围着高考而转，更多地呈现教育的多样性、丰富性、开放性和可爱性，不要把学生的所有宝贵精力都消耗在一次次的大考小试中，多给学生一些开拓视野的机会，多给学生自主阅读、思考的空间，让他们有喘息的时间，逐渐建立起自己精神世界的基础，这才是基础教育的本来目的。

2008 年 12 月

从美到心

——在深圳闲话教育及其他

　　有人说，这是一个最好的时代。狄更斯在《双城记》的开头说，那是一个最好的时代，也是一个最坏的时代。我觉得，应该反过来说：这不是一个最好的时代，也不是一个最坏的时代，这是一个什么都不是的、极不确定的时代。如果你愿意做事，你还是可以做一点点事，做一点点你自己想做的事。当这个时代满眼都是否定，都是 no 时，你做 yes 就对了。比如，你喜欢去玩，你把山山水水看遍，你就做了一件确定的事情，至少对你来说是确定的，你看到的花开是真实的，你看到的叶落也是真实的。我们每个人都应做一些确定的事。即使你所处的时代都是不确定的，而你做确定的事，那一定就对路了。一般来说，人都会随大流，但是在今天这个时代，一个还怀抱朴素梦想的人一定要逆着时代走，才能走出自己的路。

关于美的教育

　　在学校，在格式化的学校，照样还有很多可以作为的空间，毕竟还留有很多的空白点，尤其小学可以做美的教育。美的教育不等于美育，美育成为学科就限制了美，美的教育大于美育。你在学校完全可以把美的教育做到最大化，这是有机会的。小学的机会尤其多，你看扬州的徐冬梅，她只做母语，母语的切入点就是美。美是不受管制的，美没有道德属性，更没有危害性。这朵花好不好看，有道德性吗？从长远来说，任何一个时代，从超越时代的眼光来看，真正能对抗一切不公不义、简单粗暴、整齐划一的，就是美。美是最后的抵抗，也是最长远最持久的抵抗，最有力量的抵抗。人类历史上留下了那么多震撼人心的故事，就说中国最有力量的故事——梁山伯与祝英台、白蛇传等，就是审美。但这些故事是用悲剧审美对抗社会的不公，几千年都撼动不了。汉代的长篇叙事诗《孔雀东南飞》，也是一个悲剧美的作品，它控诉不合理的家庭伦理制度、鞭挞不公平的社会秩序。一部具有审美价值的作品可以跨越千年，这是最有力量的。小学最能做的就是美的教育。审美的角度，是孩子最能接受的，也是人心最需要的，人类天性中就喜欢花花草草，喜欢衣服漂亮一点。"文革"的时候，中国正处于蓝灰绿的无彩色服装时代，衣服的颜色比较单调，款式肥大单一。江青穿了一条裙子，人们就羡慕得不得了。以江青之特殊地位，也只能弄一条裙子穿穿。但是这条裙子背后有太多的故事，当时香港有一家报纸上说，江青穿着裙子出现在公开场合，外国记者连篮球明星的采访都放弃了，他们聚焦到江青的这条裙子上。因为这个事情太大了，全民都穿那几种色彩单调、款式单一的衣服，而她穿了一条裙子，是不是意味着中国有什么变化？其实没有，就是江青自己爱美的天性，喜欢穿裙子。在审美教育上是可以大做文章的，这不是小题大做，而是抓住了儿童教育的内核，一个孩子在受教育阶段，如果培养起一种健康的审美观，其他的健康观念都会慢慢地带出来。

美的教育可以透过音乐、美术，也可以透过手工、种植来实行，可以演剧，可以看电影，一切丰富的形式都可以指向美。美本身就隐藏着人类向善向真的一面，这三者是三位一体的，它们会潜移默化，从孩子的心里生长起来。这样生长起来的东西才是真正属于他们自己的东西。

人的天性里就有对美的追求，但如果没有中间的媒介让人发现美，美也会被遮蔽。生命和自然之间相互回应，形成互动的关系，需要一种媒介让美彰显出来。美的种子在他们心里播种下去，就一定会长出来。没有种子，又怎么期待美的生长，如同万物一样？

教育也是如此，它起的作用其实就是中间的媒介作用，把自然与人心连接起来，把社会与人心连接起来。好的老师不一定是学问最高的人，但一定是最善于作连接的人。

关于"心"的思考

如果你问小孩子"心"在哪里？他们一般会回答在心脏，或者在脑袋。是心想还是脑袋想？这是中国人一直想不明白的问题，这是一个哲学问题，不是一个生理学问题。我们都是从生理学的角度去想，心难道是心脏吗？难道是大脑吗？都不是啊。它超越了生理学的层面。心灵的痛苦是可以持续的，假如心是生理的东西，那么痛苦是可以愈合的。为什么心灵的痛苦可以持续很长的时间？因为"心"是有记忆的，可以沉淀的，可以传递的，这说明它跨越了生理学的层面。记忆和脑有关系，但不等同于脑，这是一个很复杂的关系。

你激动的时候会心跳加速啊！心跳是一个生理反应，但它不是心灵本身。我看奥古斯丁的《忏悔录》，他有非常深入的解释，对我启发极大。他说，"心"是人的记忆。这句话启发了我，历史就是人类的"心"，历史是人类的记忆，是人类记忆的沉淀。我们的"心"是可以穿越时间的，"心"超越了生理学的意义，因为它可以传递，可以累积，我觉得这个解读非常有意思。"心"有超越性，是身体的一部分，跟身体有关系，人的身体不存在了，记忆也就没有了，但它不局限于身体。

我们的教育往往不讨论这些东西，因为太抽象了，我们讨论的总是比较具体的东西。中国教育再往前走，肯定还要面对先秦、古希腊文明轴心时代的问题，那时的教育方式主要是问对，就是一问一答，老师也不一定回答得了学生的全部疑问，老师只能回答学生的部分问题，而且他的答案也不是标准答案，他的答案别人可以推翻，学生也可以提出不同的答案。你看《论语》，多么的奇妙，同样的一个问题，面对不同的学生，孔夫子的说法都不一样，这就说明，任何一个问题都没有唯一的、准确的、不变的回答，任何问题都可以从不同的侧面去回答，你不能说哪个是绝对对的，哪个是绝对错的。

教育有两种，一种是我们中国人喜欢讲的，"得天下英才而教之"，有好的苗子、聪明的孩子让你去教，这教起来很有味道，启发式教育非常管用，会有很好的回应；另一种是义务教育，普及性的全民教育，任何人只要到一定年龄就应该接受的教育，这种教育就不可能得到这样的回应，做老师的最有体会，你提一个问题，有的学生反应敏锐，有的学生就不知道你说什么，没有反应。我们现在要从这两种不同教育中找到中间道路，让天资不是很高的学生，同样可以通过教育开启心智。人和其他物种一样，有他的极限，要超越这个是不可能的。人做好自己就好，做最好的自己，最本色的自己。

我喜欢看结果子的树，我们小区有一批柚子树，每年都结一次果，这些柚子不让摘下来吃，是观赏性的，一定要等它们熟透了，自己掉下来，然后你可以捡起来，捡了也不会去吃，因为很酸。我觉得这很奇妙。这跟人一样，你是苹果树，你就长苹果，你是柚子树，你就长柚子。你可能会想象柚子树羡慕苹果树，苹果很甜，那么多人喜欢吃；但是也有可能苹果树还羡慕人家柚子树呢，柚子那么酸没有人吃，得以幸存，一直等到熟透了才掉下来，苹果好吃，一下子就被人吃掉了。你说苹果好，还是柚子好？说不清楚，柚子树就是柚子树，苹果树就是苹果树，都结果子，结的是不同的果。

"道可道，非常道。"老子达到了那个时代所能思考的天花板，已经不可能比老子更高了，但老子最大的问题是，他最终还是不明白。《道德经》五千言最终对宇宙还是无知无解。他没有办法明白，但是，他达到的这个层次，已经是中国哲学的最高境界。他跟古希腊的不同就是古希腊一直试图用工具去理解这个世界，中国是没有工具的，中国文化没有工具，它不用任何分析工具，两手空空而来。古希腊一直想用逻辑、用数学、用各种方法去理解这个世界，但到最后有没有理解呢？也没有，世界不可能有最后的终极性的答案，在有限的人的层面。苏格拉底最了不起的地方也不在于哲学层面，而在于人格层面。苏格拉底当时其实可以选择活，但是他拒绝了。他认为死和活对于一个哲学家来说不是一个问题。真正的哲人，最高的境界就是他的超越性，而不是他的智慧。人的智慧终究都是有限的，没有一个人的智慧可以穷尽世界的奥秘，这还没有达到宗教的境界。到了耶稣基督、释迦牟尼，他们是宗教性的终极关怀，从超验的层面理解世界，孔子、老子、苏格拉底还是在人的层面，经验的层面，哲学的层面，虽然他们都已经到了高峰。

哲学家还是在思考现象界的问题，看到太阳看到光，这都是现象，是看得到的，感知得到的，而宗教思考的就是现象背后的本质界。现象的背后，不是一眼就能够看见的，感知也没法达到。它超越了你的能力，这就从有限进入无限，那就是更大范围了。人只能凭自己的认知进入有限层面，无限的层面很难进入。

苏格拉底已经徘徊在宗教的门口，超越生死。他对自己深信不疑，他知道自己是谁，知道自己能做什么，不能做什么。

我觉得人最重要的是知道自己不能做什么，而问题在于人常常不知道有些事是自己力所不能及的。人类发生的很多悲剧，往往就是因为人缺乏这样的自知之明。秦始皇已经不得了了。你读《史记·秦始皇本纪》就会发现，他把天下削平，一国一国地消灭，然后把天下的道路都铺平，把万里长城修好，把天下兵器收起来，铸了十二个铜人，几口大钟，把十二万富户移到咸阳，他想：你们如要反对我的话，第一没有兵器，第二没有钱，有钱人我都让他们搬到咸阳来住，在眼皮底下看管起来了。

要钱没钱，要武器没有武器，你们谁能反对我呢？他对天下比较放心了，但是，这个时候他就想，自己的生命是有限的，所以他想长生不老。他算不到的两样东西，全都出现了。第一，他一死，天下就反了。反他的，用《史记》的话说就是："斩木为兵，揭竿为旗"。反他的人是穷人，不是富人。第二，长生不老，根本不可能。他想的，都做不到。秦始皇之后的所有人，都是一样的，不知道什么是自己做不了的，这是人类的有限性决定的。

人能实现自身最大可能性的是在审美方面，在美中不断寻找人生的丰富性与确定性，文学、艺术、科学、体育，乃至爱情、友谊都与此有关。在寻找美的过程中明白你能做什么，你做不了的事，耗费一生去做也是虚无，还是要去做一些自己做得了的事情，自我完成。

2014 年 1 月闲聊，根据录音整理

从孩子出发

——序"新童年启蒙书"

一个人在少年时代与什么样的读物相遇，很可能决定他一生的品质和方向。在我们这个时代，缺的也许不是少儿读物，缺的是真正能从孩子出发，并给孩子打开文明视野的读物，只有这样的读物能引导孩子从小成为一个独立思考的人，一个健全的人。孩子对这个世界的感受不同于成年人，他们的天性还没有被污染，他们有着更为单纯的内心，他们用稚嫩而天真的心灵感受着宇宙万物，对眼前的一切充满了新鲜感和好奇心，并有着无数的奇思妙想。他们总是觉得万物有灵，对所见与未见的一切均洋溢着热切的憧憬。

真正好的少儿读物，不是《三字经》《百家姓》《千字文》式的，将成人世界的现成知识简单地灌输给孩子，让孩子去阅读、背诵，而是以孩子为主体，充分尊重孩子的天性。每个孩子的身上都有许多潜在的可能性，比如想象力、创造力、梦想、自由等等，少儿读物需要保全和呵护这种天性与潜能，而非用成人世界的规矩和禁忌来约束他们的天性。真理是叫人得自由，读书也是叫人得自由。

我相信，在孩子的幼稚之中，蕴含着感知世界的独特方式。从国外翻译过来的图文书，如"斯凯瑞金色童书"系列，之所以获得许多孩子的喜爱，首先是因为它尊重孩子，从孩子出发。在国外乃至中国港台地区，有许多才智之士意识到对儿童的塑造，即是参与对未来社会的构建，他们的笔端充满对宇宙万物的好奇与善意，笔下的文字与图画充满了未泯的童心。剑桥大学的麦克法兰教授写过一本《给莉莉的信》，以给孙女讲故事的方式，深入浅出，有大量活泼的细节，10多岁的孩子读来甘之如饴。德国的博多·舍费尔为孩子们写了一本介绍理财知识的《小狗钱钱》，童话般有趣，又包含了经济学的基本常识。北京三联书店曾出过一本《诺贝尔奖获得者与儿童对话》，作者都是诺贝尔奖获得者，谈论的问题涉及天文地理、哲学政治、文学艺术。这些杰出的人心甘情愿俯下身子，以极大的热情和爱意，跟孩子们谈论究竟为什么天空是蓝色的，为什么人类之间会有战争……他们将孩子当作平等的主体，当作未来社会的主人。

我发现，从晚清到民国，无论是小学教科书还是少儿读物的编写者，已超越原先四书五经给予他们的限制，从异质文明中吸收了新的亮光、新的思想，致力于开启民智，造就一代新民，并充分尊重孩子的天性，被戏称为"猫猫狗狗"的国文课本，一方面贴近孩子的心理和认知可能性，一方面悄悄地将美好的文明种子播撒在他们幼小的心田中。叶圣陶、丰子恺他们参与编写、绘图的课本、课外读物之所以抓住了那个时代孩子们的心，就是因为它们都是从孩子出发的。

在今天这个急剧变化的网络时代，我们需要跟孩子们谈谈我们的社会，我们的生活，我们的信仰，我们国家的前途和命运。这套丛书的作者，郭初阳、蔡朝阳、蒋瑞龙都是前几年小学语文教材批判的发起者和参与者，2010年《救救孩子——小学语文教材批判》一书的出版，曾引起了公众包括许多家长对小学语文教材的关注和审视。如果说"救救孩子"是"破"，那么，现在呈现在我们面前的这套读本，便是他们"立"的一个小小尝试。当人们在关心小学课本中的内容真伪，爱迪生究竟有没有救妈妈的时候，他们就已开始埋头编写这套读本了，其中贯穿了他们对教育、对孩子的理解，也贯穿了他们对未来的希望。

近百年前，孙中山痛感国人如一盘散沙，连开会、动议、附议、表决都不会，亲手编写了《会议通则》(以后改名为《民权初步》)，他说："孩提之学步也，必有保母教之，今国民之学步，亦当如是。"郭初阳的《大人为什么要开会》有一个神奇的开头："这是被施了魔法的一天……世界上只剩下了阿当一个人。"然而，人类之所以是一个社会，正在于人是一种群居的动物。人和人之间的关系，构成了我们最基本的关系。那么，究竟如何相处呢？聪明的人类想出开会商讨的办法，这种智慧，不断推进人类的和平共处，消泯歧见，求同存异。郭初阳最初的灵感来自《罗伯特议事规则》，为此他多次请教该书的中译者袁天鹏先生。

丛书的多位作者还有一个共同的特点，就是他们初为人父。这种身份使他们对生命的意义、教育的重要性有了崭新的体认。正是蔡朝阳7岁的儿子蔡从从给他的灵感，使他写下《为什么不能把所有东西买回家》，实际上这是一本给小学生看的经济学常识读物，他从活的现实中撷取真实的故事，步步深入，为孩子解答：为什么不能够把所有的玩具都买走？钱从哪里来？工作是什么？假如你有一笔钱会用来做啥？勤劳就能致富吗？……常立是一位大学的文学教师，因为做了父亲，他立志要为孩子写一本最好的童话。他的《从前，有一个点》充满了奇思妙想，同时不排斥对科学和逻辑的尊重，这当中贯穿着他对孩子无尽的爱意。蒋瑞龙要跟孩子们谈论的是一个抽象的问题：中国和中国人。这事关我们的民族认同和国家认同，尤其是当下，对国家民族的认同，常常弥漫着一些习见的错谬。他从家园出发，展开跟孩子的对话，推己及人，化抽象为形象，可以让孩子对祖国有更真实的体认。

这是一群70后朋友在少儿读物上的初次试笔，是一个美好的开始。同时，让我想到民国时代那些先辈们曾经的努力，因此这也是一次重要的接续。我不敢说他们所做的有多么完善，但我敢说，他们确实是从孩子出发的，他们用心了。我敢说，有幸与这些读物相遇的孩子们是有福的，你们将在这里打开一扇门，一扇通往更辽阔的文明世界的门，你们的人生也因此而拥有更多的可能性。

2011 年 4 月初稿，2012 年 10 月 10 日改定

第三辑

与教育人相遇

人生最美是相遇

一

　　相遇是人类最美好的词之一，我十分喜欢"相遇"这个词，世上一切美好都从相遇而来。我想追问"教育是什么"，教育也是一种相遇，教育从本质意义上说就是一种相遇。

　　江苏有一个高邮县，那里最有名的好像是咸鸭蛋，但是那里出了一个有名的小说家汪曾祺先生。汪曾祺在县立第五小学读书时遇见了国文老师高北溟，是他小学五年级的时候遇见的。正是高老师，他们学校那首校歌的歌词作者，带他走进了最初的文学世界，若干年后，汪曾祺考上了西南联大，成为沈从文和朱自清的学生，也是沈从文最喜欢的学生。沈从文对于汪曾祺来说当然十分重要，汪曾祺不遇见沈从文可能成不了一代作家，但是今天我更确定地说，他在小学五年级遇到的高老师，对于他，也许更为重要。只有少年时代遇见过高老师，当他青春时代遇到沈从文老师时，才会将他生命的灯全然点亮。许渊冲先生是江西人，中国最有成就的翻译家之一，就是他把唐诗宋词翻译成英语、法语。许渊冲当年毕业于南昌中学，他在南昌中学遇到过一个叫汪国镇的国文老师，后来他考入西南联大外文系，成为吴宓先生的学生，但是他在中学时代打下了极好的国文基础，他的翻译极为精彩。举一个例子就能说明这位江西人的厉害。李白的那首诗"床前明月光，疑是地上霜"，怎么才能让外国人一读就能明白诗真正想要传达的意思？因为外国人并不一定能把月亮与团圆挂起钩来。他思来想去，终于找到了一个精妙的表述，先把月光暗喻作水，又把思乡之情也比作水，这样就用水将明月与乡愁巧妙地联系起来，译为了"床曾经在如水的月光中，于是我也沉浸在乡愁中"。这两句诗翻译得太好了，把英文翻译成中文已经很难了，把中文翻译成英文或法文就更难了。如果说人生就是怀着乡愁冲动四处去寻找家园的过程，那么教育就是为了更好地安放你的精神家园，一生一世。中学小学太重要了，我曾经写过一篇文章《大学教授是先生，小学老师更是先生》，小学老师比大学教授更重要，他们对一个国家文明程度的影响更大，小学老师的讲台甚至在相当程度上决定着这个国家的文明程度，毕竟不是所有人都有机会读大学的。

我曾做过三个学期的乡村中学教师，那是遥远的 1987 年和 1988 年，我十分怀念这段在乡村中学任教的生涯，那里有好山、好水、好空气，还有一片美丽的石子滩。许多晴朗的黄昏我都在石子滩上仰望月亮升起来，在那里读书思考。

汪曾祺在小学遇见了高北溟，许渊冲在中学遇见了汪国镇。在南开中学，从天津直到抗战时期的重庆，作家黄裳、韦君宜（《思痛录》的作者）、翻译家齐邦媛等，都在国文课堂上遇见了一个叫孟志荪的老师。孟老师的课上得有多好呢？他讲庄子的《逍遥游》，开头就说：

> 孔子抓住一个"仁"，孟子抓住一个"义"，庄子什么都不抓，但他拥抱了全世界。

这样的课堂，这样简洁明快的语言，很快就能抓住学生，进入"逍遥游"的世界。

孟老师最精彩的还不是这样的课堂，而是他开的几门选修课。他在重庆南开中学给高二学生开了唐诗选，给高三学生开了宋词选。这两门

美的相遇　傅国涌教育随想录

选修课让齐邦媛女士一生感恩。她在回忆录《巨流河》中深情地回忆遇见孟老师的故事，将来她还要在武汉大学遇见美学家朱光潜先生，朱先生叫她背了几百首英文现代诗。她说一生就带着三个"几百首"，即高二背的几百首唐诗，高三背的几百首宋词，还有大学时代背的几百首英文诗，中外文学的装备不仅滋养了她的一生，也给整个台湾的当代文学带来丰盛的祝福。还有一位毕业会考时物理交了白卷的谢邦敏同学，他在白卷了填了一首词，意想不到的是，全校物理教得最好的魏荣爵老师也在卷上写了一首诗，给他六十分。当年，谢邦敏同学考入西南联大法学院，四年以后成为北大法学院年轻的教师。谢邦敏一生中最美好的相遇竟然是一位物理老师，虽然他的物理是零分。人生之美好莫过于此，教育之美好同样莫过于此。在孟志荪老师、魏荣爵老师的背后站着南开中学伟大的校长，中国教育史上的柱石张伯苓先生。教育是为了成全人，人与人的相遇可以变得如此之奇妙。

钱穆先生在常州府中学堂遇到了他的恩师吕思勉先生，将来严耕望、余英时将在课堂上遇到他。今天还在南开大学上课的叶嘉莹先生，当年在辅仁大学遇见了她生命中最重要的老师顾随先生，而她带出来的弟子今天已遍满全球，包括江南大学的年轻才女黄晓丹博士。一代一代的传承都是由于相遇。金庸也在小学五年级时遇见了国文老师陈未冬，请他一起办级刊；在高一时他在壁报上贴出的《〈虬髯客传〉的考证和欣赏》，曾得到高三国文老师、研究戏曲史的学者钱南扬先生的赞扬。许多年后他成了武侠小说大家，但仍念念不忘这篇早已散失的小文。人生的起点往往比人生的终点更重要，如果你同意，你就更看重起点，因为每个人的终点都是相同的，而起点是不同的。我不再举例子了，因为这样的例子太多了。

感谢在那样一个时代里，他们有那样美好的相遇。相遇就是人与书的相遇，人与人的相遇，特别是学生与老师的相遇。因为透过人与书、人与人的相遇，将实现人与美的相遇。与美的相遇就有了文学、美术、音乐等等；当然还要实现人与真的相遇，于是就有了历史学、社会学，有了自然科学；同时还有与善的相遇，因此有了伦理学、政治学、哲学等等。这一切都是相遇带来的。

教育不仅是一种相遇，也是一种选择，教育是人主动选择的结果。教育不是天上自然降下来的雨水，不是天上自然出的太阳，教育是人主动地对自然、社会乃至一切挑战的回应，有极大的主动性。有些人喜欢读书，有些人不喜欢读书，这都是一种选择。

教育是一种积累。教育不是天上掉馅饼，不是一夜暴富，一天早晨醒过来家门口堆着黄金。这样的事，古往今来都没发生过。教育是从小到大，从无到有，从零开始的积累。钱钟书先生是积累，钱穆先生是积累，叶嘉莹先生是积累。

我还想说，教育是一种超越。积累到一定程度，你就可以超越同时代的人，站在巨人的肩膀上你就比巨人看得更远、看得更高，教育是一种积累性超越。几年前，在一位做教育的朋友那里第一次听说"积累性超越"这个说法，我就很喜欢，有了积累才会有超越。

教育是一种建设性的力量，它不是一种破坏性的力量，教育要解决的是人与自然的关系，人与自我的关系，人与他人的关系，人与社会的关系，人与世界的关系，人与宇宙的终极关系，这才是教育最终要解决的。所以，如果要我用一句话来回答教育是什么，我会说，教育是一种建设力。建设性力量缩小成一个词，可以叫建设力，这是我造的一个词，与破坏力相对应。

那么教育的重心到底是什么？古往今来，那么多哲人、教育家其实都还没讲清楚，我也没有能力讲清楚，但是根据我个人从小到大，自童年开始阅读以来建立的一点点有限经验，我想把教育的重心放在"阅读"上面。如果把阅读看作是教育的重心，在所有的相遇中，首先就是人与书的相遇。人与书的相遇就是与古今中外的灵魂相遇。阅读应是人文学科、自然学科、社会学科无所不包，而不仅仅是文学阅读。长期以来，我们的中小学有一个理解的误区，就是把阅读误解为文学阅读。这样的理解是狭隘的，文学阅读只是一个起点，不是全部。但是这样说并不意味着小学生一定要去读哲学、自然科学的高深之作。文学通向美，带出善与真，而其他的学科如自然科学带出的是真，通向的是美，哲学、伦理学、政治学围绕着善，同样通向美。三者之间是相通的，真善美是一个循环的圆圈，圆形思维是中国人缺乏的思维，其实在轴心时代，中国人是注重圆形思维的，我们的思维是圆的。地球是圆的，真善美应该是一个圆的关系。

二

中国人自古以来就把读书当成最美好的事。在许多有百年以上历史的老宅，常常能遇见这样一副对联："数百年旧家无非积德 第一件好事还是读书"。可惜我们今天把长期以来的读书传统给丢了，对书的敬畏感，以及读书的风气都消失了，读书才是人类文明最核心的部分。读书是什么？读书是自我解放，是自我成全。书中没有黄金屋，书中没有颜如玉，但书中有过去、有将来，埋藏着人类最宝贵的资源，在书中你可以找到你自己，可以找到将来。

在我的人生当中，有许多相遇的故事。首先是人与书的相遇，我遇见了书，书遇见了我。几年前，二十一世纪出版社要出一本《灯火阑珊处——当代学人自述2》，主编约我写一篇文章回忆自己的阅读史，我写了一篇《星星的思想可以与太阳媲美》，讲述了我从小学四年级也就是10岁到40岁30年间的阅读史。我用这五个词来概述我30年的阅读生涯：饥不择食、狼吞虎咽、生吞活剥、一知半解、不求甚解。透过这五个词，可以看见自己从少年时代到不惑之年对书的狂热、痴迷、喜爱，那种深入骨髓的感觉，我与书的关系是人书合一，书与人不可分割，书成为我生命的一部分。所以有人笑话我："这让你的太太情何以堪？"感谢这些书，我被这些书点亮，这些书成了我人生的起点。

商务印书馆的"汉译世界学术名著丛书"是我18岁那年遇见的，在此之前我是古典文学的爱好者，美学的爱好者。我自10岁开始读《水浒传》，读到高一，除《红楼梦》以外，我几乎把当时找得到的古典小说一网打尽，鲁迅《中国小说史略》提到的小说都一一找来读了。1984年的夏天，我有机会到北京、天津、杭州，那是我第一次远行，十六七岁，买回来一批古典小说研究、戏曲研究的著作，从中寻找阅读的线索，但阅读兴趣却慢慢地由古典文学转向现代文学和外国文学。1985年，一个偶然的机遇让我接触了"汉译世界学术名著丛书"中黑格尔的《美学》《精神现象学》等，我一头撞进那些汉译名著当中，从此我的偏好就转向了理性、抽象的书。这批绿封面的汉译学术名著曾是我最喜爱的书，我人生的起点就源于这样的一批书。这些都是我青春时代曾一读再读的书，其中有些书我读过三遍，做过两遍笔记，比如孟德斯鸠的《法意》（《论法的精神》），我先借到严复的译本《法意》，读了个半懂不懂。我还曾在笔记本上抄过洛克的《政府论》下册、密尔的《论自由》、卢梭的《社会契约论》和《论人类不平等的起源和基础》等，这是我最早的手抄本，因为这些书当时买不到，都是从图书馆借来的。现在当然都很容易找到了，书店很多，图书馆很多，但不大有人看了。在书供应不足的时代，人们饥渴地寻找书；在信息泛滥的时代，人们拒绝书、抛弃书。时代就是这样的诡谲。后来我又走向"汉译世界学术名著丛书"蓝色封面的书，包括亚当·斯密的《国富论》等都吸引过我。然后就是那些黑皮书，20世纪的哲学译丛，西方的各种哲学译本，从柏拉图到康德，从卢梭、叔本华、尼采到萨特、海德格尔，都曾经是我青春时代的伴侣，我带着它们从南到北，从乡村到城市，它们是我一生的梦，也是我一生的起点，我将带着它们走完我一生在地上的行程。这些书太美好了。

最后我走向了历史阅读。汤因比的《历史研究》、斯宾格勒的《西方的没落》、布罗代尔的《15至18世纪的物质文明、经济和资本主义》，把我带进了一个神奇的世界。我少年以来的知识背景不是中国近现代史，我没有上过正规的大学，只是在温州教育学院中文专业读过一年，我最初的一点装备是文学，我在不同的时间点先后爱上过美学、哲学、政治学、社会学等，最后我的落脚点是中国近现代史，与我少年时代的积累看上去没有关系，但实际上有极大的关联。正是带着这些阅读储备，我才有可能更好地理解历史演变的脉络。我感谢青春时代的阅读。

三

　　接下来我想讲的是人与人的相遇。在我的人生中，除了与书相遇，最重要的就是与人相遇，我有幸遇见了生命中最重要的三位老师。第一个老师是1980年遇到的，他叫徐保土，并不有名，那时他是浙江乐清县教育局教研室主任，也做过我母校乐清大荆中学的校长，1980年代他是我们县传说中的文章第一高手，散文写得很好。他的散文当时登在《浙江日报》上，还登在英文版的《中国》杂志上。他不是我的老师，他太太卢鸾娇老师是我初中三年的语文老师和班主任，刚进初一时，她让我们写第一篇作文，好像是《我们的校园》，她就发现我有一点写作的天分，一个农村的孩子，来自偏僻的山沟里，哪会写什么文章呢？无非是"一棵是枣树，另一棵还是枣树"之类的，鲁迅这样写，大家说他是天才，我这样写，只能说我是庸才。但是我们的校园，一进门确实是"一棵是梧桐树，另一棵还是梧桐树"，我大概写了我对这些梧桐树的印象。初二的暑假过后，她布置了一篇作文，大约是记暑假里的一件事之类。一开学，我交了一篇，内容是"捉石蟹"。不久，卢老师的丈夫徐老师来了。有一天中午，卢老师将我叫到她的宿舍兼办公室，说我这篇作文写得不错，叫徐老师指导我修改，拿到报纸上去发表。我是1978年进的雁荡中学，就在"天下奇秀。然自古图牒，未尝有言者"的温州雁荡山。我见到陌生的徐老师，有点拘谨、紧张，站在那里毕恭毕敬、诚惶诚恐，因为大人物我从来没见过。那年我 14 岁，怕生。他和我说的其他话我都忘了，只记得，他说最后一段应该这么说：这些螃蟹大的大，小的小，四处乱爬，"先抓大的，再抓中等的，然后再抓小的"。我原来是胡子眉毛一把抓，但是中间为什么要加一个层次"再抓中等的"，我当时不明白，心里还在想：这样写是不是多此一举？这句话并不是很好的表述。但我照着他说的修改了。这篇习作很快在当地的《语文小报》上发表了，题目就叫《捉石蟹》，后来听徐老师说，还被《浙南日报》(《温州日报》的前身）转载了。

我估计他指点了我三五分钟，但这三五分钟却成了我这辈子写作的起点。后来我看了吴冠中先生的画，就明白了徐老师何以要分三层，三层就比两层更细更密更好。这是叙事的本事，是文章之技术，我从徐老师那里得到了最初的叙事启蒙，将来我的事业是历史写作，用的其实都是徐老师教我的技术，叙事的生命就是细节、层次。直到 20 多年后我才真正理解那三五分钟有何等重要，他其实说出了文章之奥秘。文章之奥秘就是朴素，就是有细节，就是在生活中生长出来的。

徐老师有一篇散文《我爱中折瀑》，发表在《浙江日报》上，是我少年时代读得滚瓜烂熟的范文，也是我真正走进优美的母语世界的入门之文。今天看来或许它不是特别好，少年时代读来却惊为天人，他写的是雁荡山有名的景点之一中折瀑。他开头说：

> 三折瀑是一脉明亮清澈的山泉，从雁荡烈士墓后边，挺拔巍峨的山上，三越重岩云崖，飞流直泻，构成奇异的上、中、下三个姿态不同的瀑布……

然后他讲了一个烈士的故事，接着开始写景色，有感受，有细节，步步深入。那些句子，我曾一遍又一遍地重温过。这篇文章我最初是1978 或 1979 年读到的，让我极为动心，因为雁荡是我的家山，我生在雁荡、长在雁荡。这么好的文采来写雁荡，让少年的我很痴迷，后来他竟然来指点我写作文，所以这个人在我心目中的地位是多么的高。

1985年春天，那年我18岁，雁荡山已成为第一批40个国家级景区中的一个，要办一所旅游学校，没有教材，我受历史老师盛笃周之邀，与他一起编写了一本训练导游的书《雁荡山名胜古迹》，大约印了200册。这本小册子一共40篇，40000字，我写了30多篇，老师把大部分稿酬给了我，200元，厚厚一叠面值十元的，是我人生中的第一笔巨款。写这本小册子，不仅是叙事，还有历史考据，这大概可以算是我青春时代从读到写的一个转换。当年，这本小册子里的文章，有的被登在《浙南日报》，另外有七篇被收入了当地政协印的出版物《雁荡山特辑》。

对我而言，更重要的是1986年秋天，那年我遇见了一生中最重要的恩师吴式南先生。他生于1933年7月，前几天我到温州去看望了他，今年83岁了，身体还很健康。我在课堂上听到他讲《文学概论》，他不用出版社出的教材，而用自己编写的油印教材给我们讲。他提出文学的人性论，阐述这四部小说何以成为中国四大古典小说，让我大开眼界：

> 《西游记》代表了人性之童年、少年时期的天真和幻想、放诞和浪漫、《红楼梦》代表了人性之青年时期对爱情和婚姻问题的激动和思考、狂热和追求；《水浒传》代表了人性之中年时期的血气方刚和爱爱仇仇、雷厉风行；《三国演义》则代表了人性之中老年时期的成熟和权术、智慧和争斗；而"西游"和"红楼"还共同探索了人生终极之皈依问题，近乎一种宗教的解脱了。

我从十来岁起就喜欢读这些小说，以前只知道"如此"，突然有位老师告诉我"何以如此"，真让我佩服啊。从此我也成了他喜欢的学生，从1986年直到如今，30年的时间，我们师生依然关系密切。

老师给我的震撼之处是他竟然把文学定义概括为一条简明的公式：

$$L= \boxed{W \times E}^{\,n}$$

转成文字就是：文学就是文字加上情调经过由比附、意会、象征而合成的审美意义空间的无定值，其中"L"代表着文学，"W"代表文字，"E"代表情调，外面的方框代表审美意义空间，n 次方代表文学价值的无定性、可拓性，是一个合成的函数值。这么一解释，我就觉得太精妙了。这是一篇论文，他用一万多字论述这个文学公式。今年冬天，包括这篇文章在内的著作将会出版，已经和出版社签订了合同，我会写一篇前言，题目想好了，就叫《九山湖畔有吾师》，回忆我从 1980 年代到 1990 年代初向吴师问学的过程，还有许多老师写给我的信。

　　1987 年，我离开温州教育学院，到一所乡村中学教了三个学期的书。那三个学期我除了上课、改作业就是疯狂地读书，读了大量经典名著，写了一大袋笔记本。那个时候，我有着不知天高地厚的雄心壮志，我想写出惊天动地的著作，现在看来多么狂妄，多么幼稚，多么不对头。但是那时我一心读书，一心想写作，甚至一心想超过鲁迅。现在我知道，我不可能超过鲁迅，我失败了，但我为我的失败感到欣慰，感到骄傲。因为人生不只是为成功而骄傲，也可以为失败而骄傲。我经历了很多失败，失败带给我的祝福大于所谓的成功带给我的。前几天蔡朝阳到我家，我跟他讲了两句话，就是"两个警惕"：一是警惕才华，才华是有限的，是有天花板的；二是警惕成功，成功是一种毒药。我不是鲁迅，也永远不可能成为鲁迅，他是不可复制的，他的时代也是不可重复的。我是傅国涌，只能行走在大地上，一寸一寸地向前走，走到终点我也成不了鲁迅，我还是傅国涌，但是我看见了鲁迅，看见了胡适，看见了弗洛伊德，看见了爱因斯坦，看见了汤因比，看见了苏格拉底，看见了耶稣。我看见了古往今来的哲人伟人，我站在他们的肩膀上，我还拥有电脑和鼠标。这是爱因斯坦未曾感受过的。感谢这个世界，感谢时间的流变。

　　1987 年秋天，不知天高地厚的我一心想写两本书，一本是《困惑——人类东方之足迹》，试图解开古神话以来中国文化的困惑，另一本是《为了世纪的早晨——当代中国十大困惑》。一本是关于历史的，一本是关于现实的。我写了详细的写作提纲，并且为后一本书做了几十万字的读书笔记，准备整理成一本 20 万字的书。我先把后一本书的写作计划写信告诉了吴老师，他给我回了一封信，时间是 1987 年 10 月 18 日，在信中他说：

> 现代人的困惑是一个牵动人心的大问题，思考这些问题，探索、解决这些问题是很有价值的，但是应该说这是一个陷阱，它的难度是巨大的。我只怕你的学养经验还不足以去碰它。虽然我看了你拟就的提纲觉得很有系统也很感兴趣。但我总很担心不宜为之。当然你积累了资料，做了一定的思考也不妨试着写出来给自己的朋友、熟人看看，你不妨先试写一章，我高兴做你的读者。

接着他讲：

> 你不妨找一两个实际问题，做学术性的思考与研究，并写成文章，这比《为了世纪的早晨》更切实更易收效。未知你意如何。

我回信又将另一本书的写作计划也告诉了老师。10 月 31 日，他给我写了对我一生具有重大意义的一封信，信很长，写了四页纸。他建议我"抓住一两个实在的问题，宜具体，宜小，先做扎扎实实的思考和研究"，并说要成为一个真正的知识分子，起码要有 10 年时间的学术训练。

当时收到这封信，心中黯然，老师鼓励了我，没同意我的伟大计划，但我心中没有放弃，我一直在写，写出了《文化的重新选择》《现代的困惑》《爱的困惑》等三四篇，有四万字以上。我用很多时间读《词综》，翻《全宋词》，做了两本笔记，也写出了《困惑》的第一篇《宋词：情感的大困惑》，有两万多字，吴老师的评价有三页纸，密密麻麻，提出了很多让我受益的意见，老师就是老师，很多问题都是我想不到的。那是 1987 年，我 20 岁，老师正是望六之年，经历了人生的沧桑，在文学理论等方面都颇有修养。

第三辑 与教育人相遇

155

今天回望历史，我看到的是与吴老师的相遇给我带来的祝福，一生一世的祝福。但我的人生不可能停留在1986年、1987年。1995年，我28岁那年遇见了生命中最重要的第三个先生，就是《爱因斯坦文集》三卷本的编译者许良英先生，这是他一生中最大的贡献之一，是他在"文革"前夜和"文革"期间翻译的，1970年代出版时曾洛阳纸贵。他是学物理出身的，是他将我带入了一个更为辽阔的世界，但是我现在想起来，如果没有徐老师，如果没有吴老师，即使我遇到了许先生，有用吗？如同汪曾祺不遇见小学的那一位老师，将来遇到沈从文、朱自清有用吗？三个饼的故事就是关于相遇的故事，你遇见了第一个饼，又遇见了第二个饼，千万不要以为第三个饼才是让你吃饱的饼，人生也是如此。

许良英先生主编的《20世纪科学技术简史》，获得过国家科学技术二等奖。金克木先生评价这本书"名为简史，实为大书"。我认识许先生时，他已经75岁。2013年，他93岁离开这个世界。

1995年冬天，他找到了我，当时，他看到了我的一篇长文打印稿，即没有发表的《民主阶段论》，两万多字。他写了一封信给我，送来了2000元人民币。他听说我生活困难，没有房子住。他在信中说了一句话：你是我所见到的中青年一代中，读书最多的一个人。他希望能帮助我，信和钱是托他弟弟送来的，当时我妻子住院做手术，信和钱是辗转送到病房的。我们因此结识，开始通信，头尾跨了18年，一直是书信往还。我与先生见面的次数并不太多，但我们通信不断，从1995到他离开这个世界。他给我的信，谈论古今中外、人文科学、自然科学、社会科学、现实人生，可以说无所不谈。

他重点推荐我读两本书。其中，罗素的《西方哲学史》我早就读过了，但他要我重读，我就重读了，并且认真做了笔记。另外一本是萨拜因的《政治学说史》，我没读过，就借来读了三遍，并做了两本密密麻麻的笔记。许先生叫我重读的这两本书，让我对世界文明史有了新的认识。好书是要一读再读的，好书是要抄出来的，我家里大概有一百多本笔记本，是我人生中最宝贵的东西，许多都是读书笔记或书摘。现在翻起来，感觉太亲切了，所以我打算抽出时间，放下所有的写作计划，先编一本《一个人的语文》，把我笔记本上抄的好文章，按主题编出来，与读者们分享。成都有一位校长听说我的计划，当即说：以后我不教语文了，就在我们学校开一门选修课：一个人的语文，拿你的书做教材。

2013年1月28日下午，许良英先生离开了这个世界，我在杭州雾霾之中接到一个电话："许先生不在了！"我叫我的太太预订了第二天黄昏飞往北京的机票。当天《新京报》记者来电采访；然后还有《新京报》编辑来电要我当晚7点前写完一篇稿子，说是第二天就要见报，我一边流泪，一边写下《悼许良英先生：说真话求真相做真人》一文。

在我与许先生长期的交往中，他给我最深最重要的教诲就是一句话：以平常心，做平常人。这是他漫长人生留下的最有价值、最有分量的八个字，是他的人生密码、学问密码。他活到93岁，一直如此做，他的太太、历史学家王来棣也是如此做，他们都是竺可桢先生的学生。

做一个独立知识分子是许良英先生后半生的追求与目标。对一个独立知识分子而言，最重要的不是启蒙他人，而是自我启蒙，所以读书、读书，除了读书还是读书，读书是人生第一重要的。他留下了一部文集叫《科学·民主·理性》，书名本身就是他一生守护的三个关键词，来自"五四"的传统。他生于1920年，成长于竺可桢时代的浙大，一生都以"求是"为念。

我代表全家送上挽联："说真话，求真相，做真人，无私无畏；争民主，探科学，守理性，有始有终"。不合平仄，却表达了我最真实的感受。许先生爱戴的爱因斯坦说，在人生的丰富多彩的表演中，真正可贵的不是政治上的国家，而是有创造性的、有感情的个人，是人格。感情太重要了，这副挽联论平仄可能是不及格的，但献给许先生是切题的，因为有感情，真实。许先生去世的第二天，我一边流泪，一边写稿，写了整整一天，到下午要去机场了，还没有写完，《中国青年报》急着要稿，最后交过去的是一篇未完成的稿子，由编辑作了一点小小的整理。"没写完的民主思想"这个题目也是编辑起的，我本来想叫"初忆许良英先生"。

许先生给了我什么？我想，他给了我三样东西。一是给了我人类文明史的视野。他是学物理出身的，又研究爱因斯坦和 20 世纪科学技术史，最后的 25 年致力于研究世界各国的民主的历史和理论，最后留下了一本未完成的 19 万字的《民主的历史》（法律出版社 2015 年 5 月出版）。二是教会我严谨认真、一丝不苟的治学态度。我的许多文章，他都提意见，有不严谨之处，一定要指出。他是一个认真的人，眼睛里容不得沙子的人，无论为人处世还是做学问。三是教我求真相、说真话、做真人，不断反省，这个反省就是不断超越自我的人格追求。

这三点最终都可以归结到他反复跟我说的八个字：以平常心，做平常人。他曾当面或写信，一次又一次地跟我唠叨这八个字，他一生追求的就是做平常人。平常心，平常人，太美好了。历史上的巨人多是平常人，站在巨人肩膀上的人当然也是一个平常人，永远做一个平常人。这是他 18 年间对我说得最多的一句话。他跟我说过的所有话，与这八个字相比都变得微不足道。

如果我把 1980 年徐保土老师给我的指点概括为三个字——大、中、小（细节就是生命），把 1987 年吴式南老师写给我的话概括成"题目宜小，宜具体"，那么许先生给我的就是这八个字。

三个先生，第一个教我怎样叙事、捕捉细节；第二个教我最初的学术方法；第三个教我做人，拥有宽阔的视野，平常的心态。三位先生在我身上渐次打磨，让我从一块粗糙的石头慢慢地变成可以为世所用的器皿，成为一个可以服务社会的、卑微的平常人。是这三位先生在我的生命中发挥了关键的、重要的作用，我感谢他们。

感谢这些相遇，我竟然在我的 14 岁到 28 岁的 14 年中遇见了他们，没有他们我不知道我在哪里，在做什么；有了他们，今天我成了这样子的我。我不完美，充满了缺点，但是至少还有一点点能力可以回报社会、服务社会，可以参与这个世界的工作。

当然，在我的人生中，不仅遇见了他们，还有其他的老师。1978 年，我初一时遇到的美术老师盛牧夫先生，是一位山水画家，是一代国画大师黄宾虹先生的入室弟子。我和他交往一直到 1986 年，那时他大部分时间隐居于雁荡的北斗洞，我隔一段时间就去找他聊天，去看他的画和字。我不是他的入室弟子，也不懂美术，但是我喜欢与他聊天。我在高二遇到的语文老师滕万林先生，1960 年代初毕业于华东师范大学，大学时与朱光潜先生通信，《朱光潜全集》里收有朱光潜写给他的几封信。他是一位书法家，有书法作品和书法理论存世。他在雁荡的淮南中学读书时是胡兰成的学生。高二时我还遇见历史老师蒋祥贞先生，1949 年前他就在大夏大学（现华东师范大学）求学。

四

蓦然回首，35 年前（1980 年）、29 年前（1986 年）、20 年前（1995 年）我遇见了生命中最重要的三位先生。我有幸从少年到青年遇见他们，并通过他们与民国相遇，与民国教育相遇，因为他们都是民国教育出来的人，或者是民国一代宗师的学生。徐老师和吴老师是民国的中学生，是 1950 年代初亲炙过夏承焘等学者教诲的学生。民国教育的气息正是透过他们传递到我的身上。

光阴易逝，人生也会逝去，但是相遇不会逝去。人与书的相遇，人与人的相遇，一定会结出加倍的果实。"要怎么收获，先那么栽。"胡适先生的这句话是我最喜爱的话之一，我愿意与各位教育界的朋友分享。

2015 年 7 月在《教师博览》首届读书论坛的讲话，甘甜根据录音整理

我与《语文小报》

　　《语文小报》是我的故乡浙江乐清办给中学生看的一份小报，主办方是当地教育局教研室。1978 年秋天，我到相隔一条山岭的雁荡中学读初一，我不记得哪个学期开始有了《语文小报》，这是一份白纸印刷、四个版面的小报，好像是每周一期，我在上面读到了胡适的《差不多先生传》，这是我生命中第一次与胡适相遇，那时，不要说课本中读不到胡适的文字，就是书店也没有一本胡适的书，我猜想编辑当年是从旧书中选来的。此外，许地山的《落花生》、冰心的《寄小读者》等文章，《诗经》和唐诗中的一些篇章，我也是在这里读到的。当然，与我距离最近、最能引起内心共鸣的还是每期登载的同龄人习作。不过，我做梦都没有想到过自己的作文也会在上面发表。

　　初二结束的暑假作业中，老师要求写一篇作文"记暑假中一件有意义的事"。初三第一学期开学不久，一直关爱我的语文老师兼班主任卢老师把我叫到宿舍，我第一次见到了她的先生徐保土老师。徐老师当时在县教研室工作，是我们乐清公认的一支笔，都说他水平高，文章好，《浙江日报》乃至英文版《中国》杂志上都登载过他写雁荡山的散文，文笔独特，构思精巧，在文教界内外都有影响。据说他本来有机会到大学任教，因为方言口音太浓，他自己放弃了。我久闻其名，第一次近距离接触其人，未免有点胆怯。

原来是我的暑假作文被他看到了，想必是卢老师向他推荐的，他肯定了这篇几百字小文的一些优点，然后提出修改意见，要我重新写一遍。我估摸这次谈话前后也就 5 分钟，主要是他说，我听。但是，我永远都没法忘掉他对我的点拨，印象最深的是作文的最后一段，我写到用树枝把躲在石缝里的石蟹赶出来，他说，这个时候捉蟹，就不能胡子眉毛一把抓了，要按人的心理，从大到小，这样一来，记事就有了层次感，叙述就有了递进。修改后的这段我是这样写的："这窝石蟹，大的大，小的小，四处乱爬。我乐极了，伸手先捉大的，再捉中等的，最后捉小的，不让一只漏网逃掉。"许多年后，我才明白细节的力量，逼近真实的现场感，当时并不懂。

　　可以说，徐老师是第一个在写作上启迪了我、让我开窍的人，他简单的三言两语后面揭示的却是写作的秘密。某种意义上，这种点拨只能意会，很难言传，在潜移默化之中，我知道，我未来的写作生涯深深受惠于少年时来之不易的这 5 分钟。（以后在学术方法上、思想上、视野上，我又有幸遇到吴式南、许良英两位先生。）

　　没有多久，这篇简单的记叙文以《捉石蟹》为题发表在《语文小报》上，上面印的日期是 1980 年 11 月 15 日。当初我拿到这份报纸时的激动已经忘却，只记得我第一时间到雁荡供销社用稿费买了一套我向往已久的人民文学版《三国演义》。那时候，2 元对于我简直就是一笔巨款。

　　这么多年过去了，我仍保留着《捉石蟹》的剪报，毕竟这是我的文字第一次变成铅字，在不知电脑为何物的 1980 年，变成铅字是一件极为奢侈的事。小小的铅字有多么神圣，尤其是自己的文字，这一切，今天的少年恐怕已无法理解。《语文小报》成为我平生第一个发表文字的平台，尽管那时我压根不可能想到 20 年后自己将以写作为业。在经历了人世的许多风雨霜雪之后，我踏上了一条独立的历史写作道路，冥冥之中仿佛注定了手中的笔将成为我安身立命的支点。徐老师当年的指点，卢老师对我多年的厚爱都已汇入我的生命深处。

回望 27 年前,《语文小报》给我提供了一个最初的起点,一个绝非无足轻重的起点。也许,没有人能想象一份办给中学生看的小报,竟会如此深刻地影响一个天真无邪的山中少年,影响其一生的道路和走向。

我的名字中最后一个"涌"字,也是那篇作文发表时初次使用的,并一直沿用了下来,在此之前,我先后用过"永""勇""泳"。我从来没有问过用这个字是谁的主意,猜测大概是年轻编辑夏老师改的。夏老师名叫夏尔福,当时大学毕业不久,写一手清秀端正的好字,长得眉清目秀,性格谦和,精明干练,处处给人好感,特别是他的那双眼睛,清亮而有神。 第一次见到他是 1981 年秋天,我参加"《语文小报》第一次小作者座谈会",当时我在大荆中学读高一,这是我有生以来第一次坐车进县城,是大姐陪我去的,当时还穿了一件借来的衬衣,显得有些肥大。这次会上发的纪念品是一本《浙江日报》编的《可爱的故乡》,里面有茅盾、唐弢等许多浙江籍文化名人回忆故乡的文章,至今我仍好好地保存着,上面盖了一个"《语文小报》赠"的椭圆形印章。就是这一次,我认识了夏老师。

随后,我写了一篇《记第一次小作者座谈会》的短文,经徐保土老师修改(他当时到大荆中学做校长),直接寄给了夏老师,在《语文小报》上发表。1983 年元旦,徐老师带我一起参加了"《语文小报》第二次小作者座谈会",我再一次与夏老师见面。期间,我们曾有过多次通信,他还替我借过历史、地理的学习用书,给我寄过几次稿纸,当时方格子的稿纸对于我乃是珍贵之物。此后,我便再也没有见到过夏老师,只通过一次电话。但少年时代的点点滴滴一直埋藏在我记忆深处,并未因为时间的流逝而消失。

大约 1998 年冬天或 1999 年春天,我听说他做了官,以后一路升迁。再以后,又辗转听说了他在一起意外的车祸中丧生。前几年,我回故乡翻捡旧时书信时,偶然发现高中时代他写给我的多封来信,字迹工整,文字简洁,内容主要是和我谈作文。有一次他专门和我谈论议论文写作;

他恳切地告戒过我，不要因为写作耽误其他功课；他批评过我的信字迹潦草；还有一次他催我还书……相隔 20 多年，再读到这些信，我的内心真实地感到了温暖，尽管已天人永隔。他的英年早夭令我黯然神伤，我惋惜的不是他铺满玫瑰的仕途戛然终止，而是一个生命突如其来的消失，一个曾在我少年时投射过关怀目光的人永久的离去。我记忆中的夏老师永远是个清秀认真的书生，而不是一个世人羡慕的官员，我甚至想，如果他不改行，那次意外的车祸也许不会发生，命运的安排有时候常常身不由己。今天，要是夏老师仍活着，也许我们还有机会回望共同的《语文小报》，那里寄托着他的青春之梦，滋养过我的少年时代。

2008 年 2 月 16 日改定于杭州

九山湖畔有吾师

——吴式南先生与我

一

初识吴式南先生是在 1986 年秋天，我从黄土高原回到江南，进了温州石坦巷 99 号只有一幢楼的一个小学校——温州教育学院。墙外就是与九山湖相通的一个小湖，说是湖，其实也就是个池塘，隔水相望的温州中学倒是被九山湖包着。我常常在黄昏或夜晚到九山湖边散步，出校门不远，拐几个弯，就到了。

吴师最早给我们上写作概论课，他的温州方言口音很重，最初听起来有些吃力，但他发的油印参考资料很丰富，我很喜欢。我记得其中就有龙应台的《美丽的权利》等杂文，有当时报刊上挑选的时文，也有《鲁迅全集》中我们不大熟悉的篇目。我不爱写命题作文，对于老师布置的题目常常只是应付而已，但他一样改得很认真，从字句到内容到结构，他的鲜红的笔墨在作文本上批得酣畅淋漓，至今我还保存着一本，上面有他批阅过的三篇作文。

真正让我对吴师产生极大的向慕之心，是在次年春夏之交。有一天下午他第一次来我们男生宿舍，敲门进来时，手里抱着一摞打印的论文，原来他暑假里要去广州参加"全国第三次物元分析学术讨论会"，学校文印室帮他打印的论文有些地方要订正，来找我们帮忙，在每一本上一一改过来。他的论文《文学语象生成的"结构变换"及其模式（文学的"物元分析"——一个新方法的应用尝试）》，题目好长，但很新颖，至少当时我们觉得太新鲜了，我不好意思地向他提出想要一份，他答应如有多余的就给我。

令我大为惊讶的是，吴师竟然从系统论的新角度来解读文学，我一直记得他给朱自清《荷塘月色》那个著名段落画的"语象生成解剖图"，占了整整一页。这对当时的我来说，真是大开眼界。在所有同学中，我和两个要好的伙伴陈小澍、陈泉沫，对他的论文尤其表示出很大的兴趣，认为他是众多老师中有真才实学并有独立思想的一位。当年7月中旬，离校前夕，我们在食堂聚餐，特地邀他跟我们几个坐在一桌，他还戏称我们三个为"三家村"，并在包里拿出赠给我们三人的论文，原来他一直没忘记我向他要过论文，首页上有他手书的"吴式南惜别于温州教院"，而且郑重其事地盖了一方篆书的印。后来我才知印也为他手刻，在文学之外，他对书法、篆刻、绘画都有极大的兴趣，并有一定造诣。

当时吴师50多岁，身体健硕，精神也好。我与他相处短暂，不过一年，那一刻真的是依依惜别。他是我人生中遇到的第一位宝贵的人师，我还有许多问题想请教他，但以后主要就是给他写信了，好在随后的两年，他还要在暑假给我们开一门文学概论课，这是我十分期待的。

1987年9月我来到一所乡村中学任教，接了初中二年级两个班的语文，兼做一个班的班主任。学校没有围墙，一边是梨树林，春天一片雪白的梨花，秋天有成熟的果实，另一边是一条小溪和一片开阔的石子滩，还有一片柳树林，溪水清澈得可以直接淘米。我在这里一共待了三个学期，乡村寂寞，常常停电，摇晃的烛光下，却是我读书、做笔记的好时光。期间，我与吴师一直保持着通信联系。

那时我方二十岁，雄心万丈，想写一部中国文化史，书名暂定《困惑——人类东方之足迹》，以"困惑"为线索，从远古神话到当代朦胧诗，试图寻找数千年来中国文化演变的脉络。我还想写一部批判现实的著作《为了世纪的早晨——当代中国十大困惑》，暑假中我已整理了大量读书笔记，还写出了详细的提纲。这是一个年少之人的梦想，我把我的后一个计划写信告诉吴师，请他提提意见。10月18日，他给我回信，认为难度非常巨大，怕我的学养与经验还不足以去碰它，但鼓励我试着写出一部分。

我给他写信，将前一个写作计划也告诉了他。10月31日，吴师又给我写了一封更详细的回信：

> 信收读了。甚好。
>
> 你在读书中发现了"困惑"，这是一个很好的觉悟。你说中华民族向来缺乏对"困惑"的"清醒认识"。这个见解，我也甚为赞同。这是中国几千年来思辨哲学和科学分析方法不发达的主要原因之一。也许，我们的民族太古老了，精神上老是站不起来，古代有偶像崇拜，现代也仍然如此。而"困惑"，正是人的独立自主意识的开始，是奴隶走向解放的开始。从这个意义上讲，我赞成你进行有意义的文化历史的探索。但话又说回来，所谓"困惑"，也就是问题，这只是科学研究的起点，自然还不是问题本身，更不是科学的结论。虽然提出问题，有时比解决问题还显得重要。你说从古神话、宋词到现代朦胧诗，都贯穿着一个"困惑"，你准备就这条线索来思考和写文章。这当然没有错，但接触面太大了，恐难以深入。因为这简直就是一个宇宙、社会、人生的最基本问题。混沌、迷惘、神秘、悲怆、幽冥，这从来就是宇宙、人类的奥秘所在，是困扰古今中外一切大智大勇者的精神症结。正是从这困扰里，产生了无穷无尽的科学，又何尝只限于神话、宋词和朦胧诗呢？又何尝只限于中国几千年的文化史呢？你读神话，就不妨比较一下古希腊的普罗米修斯与中国的夸父，比较一下西西弗斯推石上山与吴刚在月中砍桂树的相

似性——他们都共同体现了人类崇高的悲剧精神。所以你悟到了困惑，还只是开始跨入了一个初步的、朦胧的境界。从严格的意义上说，真正的科学研究还没有揭开帷幕呢。你即使论证了从古神话到现代朦胧诗中的困惑主题，也无非只是道出了一个人所共知的事实，创新的意义还是谈不上的。

我的第一个看法，是希望你在此初觉的基点上（这是一个很好的基点），抓住一两个实在的问题，宜具体，宜小，先做扎扎实实的思考和研究。搞学问的，总得走"小博、小专—中博、中专—大博、大专"的道路。力不从心，搞空对空导弹式的射击，在学术研究上似并不可取。未知你意如何。

我的第二个看法是，要做一个真正的知识分子，必须搞点学术训练，起码要有10年时间。这个"训练"太重要了，有些人挂着"知识者"的幌子，却一辈子也训练不成，我以为，你是能够的（我对你有信心）。有了这一番训练，我觉得对"科学"二字，才会有真正的体验。他的境界也就远非一般的俗儒可以比拟了。我觉得，你现在的一切读书、思索和写作，都可看作是进行"学术训练"。在这个意义上，我举双手赞成你放手去读去想去写。再说一遍，这个锻炼太重要了，如果你立志要成为一个学者。

在"所以你悟到了困惑，还只是开始跨入了一个初步的、朦胧的境界"下面，他画了一条波浪线。在"实在""具体""小"和"能够"的下面，他还特意都加了圈。这封信带给我这一生的祝福难以估量，我一直珍藏着吴师写给我的所有信，这封信更是读了上百遍，总是读不厌。那年，吴师54岁，已阅尽人间沧桑，我20岁，真正的人生帷幕尚未揭开，风风雨雨都在后面，只是我当时还不明白。

在这封信中，吴师说他想到我的家乡雁荡山走走，此前他只在30年前，也就是1957年一个阴晦的下午，在雁荡逗留了半天，他说那段时间自己心境局促，想到大自然里去寻"娘家"。信中他说会在 11 月 12 日到雁荡车站。到了那天，我和好友徐新从县城赶回，因误了班车，一路倒车，最后坐拖拉机赶往雁荡，结果没有接上他。那时大家都没有电话，吴师自己寻到我任教的中学去了。直到第二天傍晚，有人带口信到我家，我才赶去接他，绕了一大圈，终于接他来家中住了一晚。第三天我陪他到灵峰去游了半天，其他地方都还没去，他就执意要回去了。

那天晚上在我家，我们交谈了许久。吴师认为，教育学是人学，是哲学，是人与世界之间的哲学，把人还给他自己，最终目的就是达到真、自由和美。在中国，教育学还缺少现代的科学的研究，许多方面几乎是空白。他的谈话给了我很大的启发，当天夜里，我在日记中写下：

> 现代社会是走向感性、开放，那么教育也应由各种的模式、框架中解放出来，寻找一种新的、能全面综合发展人的个性的方式，是活型、动型、立体型，而不只在平面上求答案。

当时我正对八大山人、扬州八怪的画感兴趣，而吴师提供给了我一个陌生的概念，他认为完型（或补型）构造是他们绘画的艺术特点之一。

对于方块字的魅力，吴师尤为津津乐道，特别是讲到它的不可译性。吴师说，英文只有词汇，没有单字，而中国字在一个正方圆整的结构中充满了神秘莫测的变化，这是文字艺术化的优越性，将中文译成英文的困难比英译汉更大。比如《红楼梦》这个富有象征意义的书名，如果译成英文，由红色、楼、梦三个词汇组成，那是远远不能达意的。再如《金瓶梅》原意有多重含义，第一层是三个人物的名字中各取一个字，第二层是梅花在金色的瓶中，有一种高贵的寂寞，如果译成英文，金色、瓶子、梅花，这些内涵都没有了。有人将前者译为《石头记》，后者译为《西门庆的故事》，只能是不成功的二流翻译。

他还说，译诗就更难了，李白的诗怎么译，就是柳宗元的一句"独钓寒江雪"也让人费尽心思，一个"独"、一个"寒"，把凄清荒冷而又

傅国涌教育随想录

美的相遇

执着的人生境界全盘托出，可是一译成外文，则会变得平淡无奇，远远无法传达原作如此精悍、一字传神的特点。在灵峰游览时，我们见到一副对联：

> 白云红树土方净
> 紫竹苍松味自清

这副对联为吴师所激赏，也为同游的徐新兄所喜爱。此联出自我初中的美术老师盛牧夫先生之手，他少年时在山水画大家黄宾虹家学画，晚年隐居北斗洞，以书画自娱，被作家峻青称为"北斗洞主"。

临别时，吴师邀请我和徐新元旦去他家小聚，12 月 16 日他又来信相邀。

二

1988 年元旦很快就到了，这是我第一次到吴师家，他的家在九山湖畔清明桥的教育宿舍三楼，房子很小，只有一个大通间，中间隔断，厨房则在走廊对面。那天，吴师忙里忙外，和师母一起下厨给我们烧了一桌菜，当晚他一定要让我们住在他家，他和当时还小的师弟、师妹打地铺，把床让给了我们，让我深感不安。

在乡村中学的一年半，正是我狼吞虎咽读书的时期，那时许多商务印书馆的汉译学术名著买不到，我都是通过吴师或好友张铭，托他们在温州教育学院或温州师范学院图书馆借的。对于我的阅读兴趣转向亚里士多德、霍布斯、洛克、卢梭、孟德斯鸠、密尔等人的著作，吴师曾来信说：

> 西方的有些书，选题很有蛊惑力，但也未必都佳，似不必老老实实地去啃，有点启发就可以了。有些大部头似乎也欠精粹，有

许多废料。你对政治、历史一类书好像甚感兴趣，但政治学在中国，除了做权势者的花瓶（可耻的"学术"人格），似乎未有更好的命运。……至于历史，应该真格儿地去研究、钩沉本来的历史事实，那些什么"论"、历史哲学、历史科学什么的，功利性主体性太强，往往也是欺那些幼稚的少年的。中国的史籍大兴什么"资治"、"鉴古"，完全为皇帝老子服务。如果学学外国人的思路和方法，去治中国的学术，那是不错的。我读书太少，又终日陷入俗人之围，闷极……

这封信大约是那年10月10日写给我的。此前，6月26日，他就在给我的信中说：

作一个近代的中国人，的确是极为痛苦的，在现时，我也深感灵魂的寂寞，发牢骚是不中用的。我们的古国，我们的不死不活的民族，看来还得经受历史的磨难，才会真正站立起来。我这代不行，你这一代恐也未必行，还要奋斗几代，再经受一些折磨，也许会好些。我们只能寄希望于改革：制度的改革，作风的改革，观念的改革，此外别无他途。纵观古今中外与当世潮流，也回顾我自己的历程，我觉得还是超脱好，淡化好，知识分子从政好像都很少有好结局的。年青人血气方刚，有凛冽的正义感，是非分明，我觉得还是把这些可贵的特点用在文化反思和批判上，如果能够务使在学术上露露锋芒，我觉得倒适逢其时，不失明智之举。总之，要把火气和怒气压在内心，化为批判的动力，在外表上则还是遵从"淡泊"、"宁静"的古训为是。……

昨天学院看电影《屠城血证》，非常惊骇！面对大屠杀，我们的人民竟然服服帖帖，任受宰戮，我不禁想到：究竟是什么文化基因使他们这样？这里有很大的哲学。我觉得中国现在极需要一种哲学作为民族的支柱。

信中吴师叮嘱我暑假里将关于宋词的文章捎去，他说："不成熟没有关系，不完整也可。胆子大些。"正是在这封信中，他告诉我他的副教授职称省里批下来了，这一年他已55岁，离退休只有五年，黄金岁月都被浪掷。所以他说："对此并不感到怎样高兴，无非一个浮名而已。"

时隔不久，暑假到来，我带着两万多字的《宋词：情感的大困惑》初稿去他家。他在8月16日写下了三页纸的《初读随想》，一共有五点意见：

1. 题目是一个发现。从这个角度看宋词，的确会有许多新意。论述中不乏好见解，时常有思想的闪光。

2. 但整体看，甚为粗疏，文笔浮泛，许多问题都只是作一个概括论断，一笔带过，论证极少，论述是平面推进，而不是螺旋形深入下去的。

3. 建议专心致志，就这个论题再花一年时间去深究，必须清楚如下几个大问题：

a. 先鸟瞰一下中国古代知识分子的感情历程（没有此个基础，研究无法深入）。

b. 宋词是一个情感世界，但唐诗以至更远的诗经、楚辞、古诗、乐府等等也何尝不是情感世界，宋词这个世界的独特性、继承性、发展性到底体现在何处？

c. 宋词世界产生的历史条件、现实基础以及当时文人的生活行径你都未具体涉及，只抓住"理学"一端作原则性的对峙性论述，觉得未能尽意。

d. 泛泛地只举些个别例子（你不是写"概论"），应分阶段地对各自的几个大家的重要词作作出剖析，才会显得扎实。

4. 我以为题目似可作《宋词：生命情感的大发现、大宣泄、大困惑、大悲哀》。

5. 宋词的情感主要是享乐主义的，爱情主义的，诚如你所说，不是功名主义的，自然主义的，人生哲学的，而是世俗的，生命个体的。但正是在这里见出了在长期禁锢中的中国古代文人们难得的人性情感的曝光（非常璀璨，非常精致，非常有感染力），但从另一方面也深刻地暴露了中国古代文人们主体精神的懦弱继而残缺：在艺术上不免矫揉造作，无病呻吟，故作多情……我认为你在作历史的人文主义的肯定之后，也不能放过对之作必要的批判，这也是历史主义的应有态度。至于对宋词——这个"精美的中国花瓶"的艺术评析，那也是一个大论，可将来在姐妹篇中去完成。

他对我的鼓励，尤其是批评和建议，使我深深受益。21岁的我还不足以走进宋人的精神世界，只是我没有按吴师所说，继续在这个题目上深究下去，而是被时代的风浪卷走了。也就是这次，我们在雪山上听他讲文学概论课，讲义是他自编的《文学概论新编》，精彩极了。

早在这年3月5日，他就寄来了《文学概论新编》开篇的《坦白话——研究的缘起、方法和态度》，他在信中对我说：

我在龙年的初旬，也带着痛苦，决定撰写《文学概论新编》，我要把自己对文学的新解，形成系统的文字，写出一部别致的文学概论，印成讲义，发给学生作教材读，署上我自己"著"的名字。是一本全新的书。决定写六章，约九万字，角度、写法都是已往的教科书所没有的。已一口气写了两章。

我拿到的讲义只有上编（本体论），下编（鉴赏论）似乎一直没有写出来。一拿到讲义，他对四大古典小说的一番评论，就大大地震撼了我。他以人性为标尺，拿这四部小说与人的生命历程相参照，作出了精彩的论述。这都是我少年时代起就熟悉的小说，吴师的解读令我大开眼界，喜出望外，数十年来我对这段论述依然记忆犹新，尽管此番评论不算标

傅国涌教育随想录
美的相遇

准答案，只是吴师个人的判断。他曾说，《西游记》虽是一部非写实的神话小说，作者却在一个顽猴身上灌注了饱满的英雄的人性，在一个猪猡的躯体之中移植了多少酣畅淋漓的芸芸众生的灵魂。他的文论可以称为文学的人性观。其实上课时，他也从来不照着讲义去讲，不作从书本到书本的概念演绎，也不是从文本到文本的形式传授，而是把文学真正当成了"人学"，从人性、人生、社会着眼，始终贯穿着对审美的"真"和"善"的理想追求。而这种追求又是建基于他独特的人生体验、独立的学术思考与对真理的执着精神。

豹

它的目光被那走不完的铁栏
缠得这般疲倦，什么也不能收留。
它好像只有千条铁栏，
千条铁栏后便没有宇宙。

强韧的脚步迈着柔软的步容，
在这极小的圈中旋转，
仿佛力的舞蹈围绕着一个中心，
一个伟大的意志在其中昏眩。

有时眼帘无声地撩起，
于是有一幅图像浸入，
通过四肢紧张的静寂，
在心中化为乌有。

　　吴师解读奥地利诗人里尔克这首题为《豹》的诗，认为诗人站在人性中追求自由意志这个最庄严的角度，来观照巴黎动物园中的"豹"。一个强劲的生命在"千条铁栏"中被困扼，一颗伟大的心灵在单调和乏味之中被折磨，世界的一切"图像"都在"紧张的寂静"中"化为乌有"。

通过被禁锢的豹的悲剧形象，揭示出人和环境的悲剧关系，自由意志和客观世界的深刻冲突。正是普遍的全宇宙性的主题，使这首诗具有深刻而普遍的人性揭示，从而具有全人类的内容和意义。从"豹"可以想到人类普遍性的命运，联想到一个个崇高心灵所遭遇到的痛苦，被缚在高加索山上的普罗米修斯，被压在雷峰塔下的白娘子，被投入牢笼的邹容、遇罗克、张志新、李九莲……透过铁栏中的"豹"仿佛看见了一幕幕人生的悲剧。这一深刻的人性观照，早已超越了动物园里的"豹"，超越了千万条"铁栏"。

1989年夏天，我最后一次听吴师讲课，他拿6月初《人民日报》头版的一则加框新闻《北京这一夜》来讲汉语的奥妙。这则新闻全文只有二百多字，十分简要，最关键的是用了"突进"这个词。

从1990年夏天到1991年秋天，我在黄龙山的艰难岁月里，他曾几次入山探望，给我买食物、借书、送书。他借来的一册《辛亥人物评传》当时给我留下了很深的印象，书中讲到1912年冬天到1913年春天，宋教仁领导国民党参加国会选举，沿长江顺流而下，一路演讲，言论风采，倾动一时。这个细节一直在我心中萦回。吴师爱我，吴师惜我，让我在黯淡的处境中感受来自师辈的温暖与安慰。

三

吴师年轻时也曾遭逢厄难，对于我的境遇他能感同身受。

他生于1933年，早年在温州上学，1952年到1954年在杭州六和塔下之江大学旧址求学，其时之江大学已被肢解，文学院各系及部分数理化学系归浙江师范学院（以后叫杭州大学，再以后又并入浙江大学），他就读的中文专修科，还是之江的老底子，名师云集，包括一代词宗夏承焘、楚辞专家姜亮夫、语言学家蒋礼鸿、精通外国文学的孙席珍、在文艺理论上有造诣的蒋祖怡等。夏承焘先生给他们上古典文学课，他成了课代表，我问他何因，他说夏先生温州口音重，班上六个温州人，大概他学习还比较认真，所以被选中。他舅舅陈明是夏先生在浙大龙泉分校中文系的老学生，因为舅舅的缘故，他曾单独见过夏先生一面。

他喜欢孙席珍的课，尤其喜欢蒋祖怡的文艺理论课，蒋对《文心雕龙》和《诗品》都有研究，在当时的时代氛围中，他当然也读了不少别林斯基等人的文艺理论著作。他对文艺理论的兴趣就是那时候萌芽的。他舅舅家那时住在河坊街杭四中的教职员宿舍，他常去借书。在浙江省教育厅工作的舅舅陈明很关心他，跟他说书可以随便拿走。他一次会拿好多本。

1954年他毕业后分配到了温州一中做语文老师，1955年起进入温州师范函授部教语文，并编初中函授教材。1956年10月中旬，他在《浙南日报》分两次发表文章《可笑又可悲的阿Q》。这大概是他最早公开面世的文学评论。1957年的"大鸣大放"，他没有说话，安然无恙。不曾料想，1958年夏天有一场"向党交心"运动在等着他自投罗网。他是学校的语文教研组长，诚实地将自己思想上不通的地方和盘托出，比如对"外行领导内行""卑贱者最聪明，高贵者最愚蠢"这些说法。大字报一贴出来，就有问题了，他被补成了"右派"，这年他25岁。他曾对我说自己挑过20年大粪。20年间，前两年在丽水乡村，住在一户农家，后18年在温州郊外梧田镇慈湖国营农场，主要是在果园里照顾梨子树、蜜柑树、除草、施肥、锄地等，两周可休息一天，离城区也不远，有公交车，他记得公交车费是一毛六分。

他一直没有放弃读书，王朝闻的一系列著作《新艺术创作论》《新艺术论集》《面向生活》《论艺术的技巧》《以一当十》等，就是那时读的。王朝闻对他的影响不言而喻。这些书或是他买的，或是从舅舅陈明家拿来的。他也喜欢读杂志上的艺术评论，劳作之余，除了读书、写作，他还喜欢写字、画画，他对艺术的兴趣保持了一辈子。

1961年他被摘帽之后，开始发表文章。1962年9月19日，《文汇报》第三版以半版篇幅发表他的《有笔如刀——谈华君武画蒋介石》。这篇文章带着浓厚的意识形态痕迹，也带着他对漫画、对艺术的好奇心，他的评论充满了特定时代的气息。虽身处逆境，但他依然保持着精神追求。此后他和华君武、叶浅予这些画家都成了忘年交，多年保持着书信往还，可惜这些信全都在"文革"中付之一炬。

1978 年，20 年的漫长时光终于结束了，他回到温州教师进修学院任教，已经四十五岁矣。1979 年，"右派"问题终获改正。他在教学之余，开始将 20 年来渐渐形成的对文学的想法，一一变成文字。"文学人性论""文学对应论"就是他重要的两论，前者针对长期以来不容置疑的阶级论，后者针对的是机械地图解生活的反映论。1985 年 11 月 21 日，《北京文摘报》首次摘要发表他的《文学与生活对应的三种形态》，是《文学对应论》第二章的梗概，读者来信从全国各地雪片般飞来，我看到过他保存的许多封，都是表示钦佩，并想看到全文。1986 年初，《当代文艺思潮》刊登了他的《文学生命的三段式构造和"三同"对应》。1988 年，北京社科院编的《文艺学新概念辞典》收入了由他撰写的"文学对应"这个词条。他提出的同构对应、同态对应、同形对应及同理对应、同情对应、同趣对应，非常富有解释力。

四

记得 1992 年我去他家，那时他还是住在九山湖畔清明桥那个狭隘的房子里，屋中堆满了书。他拿出一本王国维的书，翻到其中一页指给我看，王国维说："生百政治家不如生一大文学家。何则？政治家予国民以物质上之利益，而文学家予以精神上之利益。夫精神之于物质，二者孰重？且物质上之利益，一时的也；精神上之利益，永久的也。"这是《教育偶感四则》中说的话，我以前买的一册王国维著作选中就有，只是我没有留意，轻轻滑过去了。经他这次指出，我便死死地记住了这段话。

他还说起《三国演义》中那些人物的性格，张飞性格、刘备性格、关羽性格、曹操性格……都可以概括为民族性格的类型。我建议他写篇文章出来，但后来他似乎一直没有动笔。

大约 1993 年，我最后一次去他九山湖畔的家中，正好他担任副主编的《语文审美教育概论》一书出版，他拿给我看了。他对美学和文艺理论长期的思考和探究，在这本书中即可窥见。该书绪论、第六章、第八章第一节和第二节由他执笔，全书也由他统稿。他对语文审美教育的特性等的论述，即使今天读来依然会有许多启发，可惜当时的我对审美的兴趣不浓，没有与他多聊。

在那之后，我与他曾音讯隔绝多年，那时他家没有电话，几次给他家去信都杳无音讯，往他的工作单位写信，因他早已退休，信也没能到他的手中。我曾到九山湖畔去找他，他已搬迁，昔日的清明桥宿舍已是人去楼空。犹记得 2000 年秋天的某个黄昏，我再次到那里打听他的去向，问了附近的邻居，谁也不知他搬到何处去了。细雨蒙蒙，我站在他住过多年的那幢拥挤、陈旧的楼房前，三楼那间局促、狭窄的小房子里，曾是我昔日问学之处，也是吴师热忱款待过我的地方。在那里，我默默地站了许久，怅然若失，不禁想道：难道我们就这样永远失去了联系？

然而，不久，我竟意外地收到了《书屋》编辑部转来的一封信，正是我熟悉的吴师的笔迹，他也一直在打听我，寻找我。他读到我发表的几篇小文，从文风确认是我，即给我写了一封信，字里行间充满关怀、期望和鼓励，看着他的字迹，我激动不已。第二天，我给他回了一封信，并给他打了一个电话，听到我的声音，已近古稀之年的吴师非常高兴。

不久，我又收到他的一封长信，密密麻麻写满七页纸。读着他的信，看到刚健有力而又熟悉的字迹，我仿佛回到了亲聆教诲的学生时代。他在信中提出"一个真正的完全的现代型的知识分子"应该具备的"五项条件或特性"：

第
三
辑

与
教
育
人
相
遇

177

1. 独立、自由的个人。

2. 直面现实的勇者：对历史、对社会、对人生不负、不诬、不饰、不隐、不昏。

3. 专门知识的依托：独立的学术、真知灼见、锲而不舍。

4. 独立技艺的赋有：或文章、或技术、或才艺。

5. 生产或创造思想的能力：能给某个时期或某个领域作出规范。

我以为他的概括基本上抓住了一个现代型知识分子的关键特征，饱经磨难的吴师即使到了晚年，生活的压力还是那么沉重，但他始终执着地思考着，默默地追求做一个现代型知识分子。他既无显赫名声，也无著作等身，但透过他长期以来点点滴滴的思考，我却体会到了一个知识分子的社会关切，他毕生理想之所系，以及他守护独立人格的心志，从他写给我的许多信中就能看出来。2007 年 10 月 19 日，他给我写了一封八页纸的长信，信中说：

现在市场化的知识分子越来越多，他（她）们名利双收，到处露面，看来中国的知识分子在权势面前是骨头软，在金钱面前是骨头腐，在浮名面前是骨头薄，你如果有兴趣，大可研究一下中国知识分子（从旧到新）的"贱"（士之贱）、"耻"（士之耻）、"伪"（士之伪）、"恶"（士之恶），一定很有昭鉴意义。

他说自己很欣赏李零的一句话："不跟市场知识分子起哄，也不给人民群众拍马屁。"信写罢，意犹未尽，他又写了两页纸：

又，李零还说：穷山生恶水，恶水生刁民，刁民生苛吏。颇深刻，又触到了国民性问题。还是鲁迅的老课题。我以为中国除了制度问题外，广大的社会基础也是一个很严重的问题（与制度互为因果）。我的偏激观点是中国的普通老百姓中，有 70% 是"刁民"，这刁民细分又有三个层次，即对统治者，是"顺民"，对头上和身边的权势者是"奴才",对同一层次的人,则是"刁民"了。……当然,从广义说,对知识分子进行启发与再教育,也是属于社会基础力量的。只不过,知识分子往往是先觉者,他们比起普通群众来又更重要。

2008年7月15日,吴师在给我的信中说:

> 现在中国的经济发展了,物质大大丰富了,好像真出现了盛世。但是,权力的大腐败,国民劣根性的大展示,知识者们的大堕落,青年一代的大愚乐,信仰、道德、文化的大滑坡,真叫人心悸,我们的大小媒体,无知的炒作,恶俗的趣味,无耻的追求,官话、套话、空话、媚话、假话、闲话的泛滥,简直不堪入目。我想,在中国,一个真正有良知和理性的人,应该发誓永远与三种力量作不倦的斗争,这就是:一、永远地批判制度(东方专制主义)的腐败;二、永远地批判国民的劣根性;三、永远地批判知识分子的堕落。

2011年他已年近八十,他在这年11月7日给我的信中自称:

> 寂寞但充实地活着,痛苦但坚韧地活着。

> 我们矢志自由思想,独立做人,不依附、不出卖,不党不私不盲。永远不跟市场知识分子起哄,也永远不拍低俗群众的马屁。永远与犬儒划清界线。

自1993年从温州师范学院退休,他又在温州市地方报刊协会打工20年,直到80岁后,他才真正过上退休生活。在此期间,他写了一册《发现艺术之美》,前几年我去温州看他,他就提起过,我当时即让他把手稿寄来,一直没有下文。今年初夏我又写信催促,他才将抄在大笔记本上的手稿快递给我。这是他于1994年也就是退休一年后的酷暑中写成的,2007年又在酷暑中修订过,今年6月寄给我前又重读、校订了一遍。我一口气读完，篇幅不大，却有他不少独特的感悟。他画的鲁迅，寥寥几笔就勾出了他一生景仰的鲁迅形象，可谓形神兼备，他书写的"杏花春雨江南"也生动有趣。我想起十来年前他曾送我一幅手画并篆书的"夸父逐日"。中国艺术是他一辈子的业余爱好，他在其中找到了生命的寄托与安慰，对他而言，不仅是兴趣所在，更是一种精神的疗伤。他常常叫我也写写字、画画画，放松生命的状态。从1962年谈华君武的漫画，到《发现艺术之美》，他早已摆脱意识形态加在他身上的绳索与锁链，他以自由的姿态游弋在中国艺术之间。他不是专业的艺术评论家，却从人性、人的关怀、人的尊严与追求着眼，深深地扎在中国艺术的土地上，发出了自己的声音。他的判断，乃至有些观点，或许可以商榷，却真实地体现了他对中国艺术精神的独立理解，也带着他对独立人格、生命品位的真诚求索。

我何其有幸，30年前于九山湖畔得遇良师，其时正是他患难余生，生命状态最好之时，他给我的那些信，我们在湖畔的问对，30年之后，字字句句，依然清晰如昨。30年，许多往事皆已成灰、成尘、成空，而当年我向他问学的情景，随着时间的消失却越发彰显出力量。吴师知我，吴师爱我，他与我的故事，有一些今天尚未能写出，但在我心中，则从未忘却过。

2015年8—9月断续完稿

郭初阳的课堂：一扇推开的窗

　　郭初阳的这本书《言说抵抗沉默：郭初阳课堂实录》(华东师大出版社 2006 年 12 月)，不是一般的课堂实录，而是具有开创性的，因为他超越了语文权威和教学体制的现成模式，以自己特有的敏感、开放和锐利，建立起了一种新的语文课堂范式。他在千头万绪中抓住了中学语文教育的实质，锋芒直指语文教育的内核。如果说语文在小学阶段（至少在低年级）应该是识字教育的话，那么中学语文绝不应该停留在字、词、句的练习，以及八股文的训练上。真正的语文课，应该是所有功课的核心，它是起点，也是终点。语文在本质上是提供思维方式的，是要解决一个人对宇宙人生的根本看法的，它不仅融汇哲学、历史等人文学科，而且也为探索自然界的奥秘提供了最初的动力和永久的滋养。语文的内核是语言，语言不仅仅是表达的符号，在表达的背后，是思考，是思想，是思维，是想象力，是一整套方法。它是最小的，由一个字、一个词构成；它又是最大的，它就是天空，就是万物。人们通常说，数学最能训练一个人的逻辑思维。好像语文只提供形象思维，其实，这是一个很大的误解。一个人如果没有真正掌握语文，他的逻辑思维也是不可能过关的。我相信，古往今来许多有成就的科学家都可以证明这一点。语言的最内在的一个特征就是它的准确性，能抓住万事万物的本质，抓住世界发生的一切。

语言是思维的基础，没有准确的语言，所有概念都将无所附丽。缺乏生动的语言，人类想象的翅膀无法展开。近20年前，我在乡村中学教书的时候，一个冬日的下午，我们在墙根下晒太阳，看着夕阳渐渐西去，一位老教师感慨地说："啊呀，太阳薄了！"一个"薄"字，境界全出，多少的传神，这么多年过去了，我一直不能忘怀。如同《水浒传》中写林冲雪夜上梁山，"那雪正下得紧"中的那个"紧"字。还有"红杏枝头春意闹"中的"闹"字，"春风又绿江南岸"中的"绿"字，它们传达的并不只是简单的审美意识，不只是感性的、空灵的内容，这里面包含着更多远比美更为丰富的信息。有了语言，就有了一切，如同有了光。正是有了语言，我们才拥有了李白、曹雪芹和鲁迅，我们才拥有了孔子、庄子和胡适之，我们才拥有了那么多文明的创造。每一种新思想的出现都必然伴随着新的语言表述方式，单纯从文学的、人文的角度去理解语文，太狭隘、太肤浅了。由此而言，语文提供的是每个民族和整个人类最朴素也最根本的东西，那就是思维方式的形成。

我之所以认为郭初阳的语文课摆脱了传统的陈旧模式，给人耳目一新之感，就在于他抓住了语言的脉搏，摸到了思维方式的门槛。他在课堂上阐述的绝不是什么深不可测的东西，不是学生们理解不了的东西，他更多还是启迪学生认识常识，认识基本的、朴素的人类价值。比如他教舒婷的那首诗《祖国啊，我亲爱的祖国》，就如同一个高明的中医，通过望、闻、问、切，一堂课下来，就轻而易举地瓦解了那些空洞、虚幻、煽情的过时概念，将祖国、国家、个体这些概念还原到了它们本来应有的位置，并在这些概念之间找到了清晰的分界线。

在缺少"自由呼吸"、围绕着考试这个轴心转动的中学院墙内，郭初阳的课堂能够异军突起，看起来实在是个异数。然而，当我们知道，在当代中国，六七十年代出生的新生代教师群中，多年来有许多人仍在坚持广泛阅读，坚持独立思考，坚持自由呼吸，坚持以有尊严的方式面对世界时，我们也许就不吃惊了。我认识他们中的一部分，常常为这些同

傅国涌教育随想录

美的相遇

类的存在而感到安慰。出现在这本书中的就有蔡朝阳、吕栋、范美忠、魏勇、周迪谦等人，他们或作序，或点评，或参与讨论。没有出现在这本书中的还有梁卫星、苏祖祥、周仁爱、周慧英、王雷等，这是一串长长的名单，我在这里无法一一列举他们的姓名。他们散落在全国各地，通过网络平台和一本已不存在的杂志，他们才得以慢慢凝聚起来。他们相互交流，相互砥砺，相濡以沫，形成了一个富有活力的独特群体。郭初阳就是他们中的一个，正是因为他周围有这样一群没有为异化的力量所吞噬的朋友、同道，他才有可能完成对旧模式的转换，成就今天的课堂。也只有把他放置在这个群体中，我们才能更深切地理解他崛起的意义。

对于他的课堂实录，不同的人可以挑出各不相同的毛病、不足和缺陷，这都是正常的。我想说的是，他已经抓住了语文的实质，其他的枝枝节节已不是最要紧的。我还想说，比他那些精心打磨、不无争议的课堂实录更为重要的，无疑是他平时的每一节语文课，他的学生说，如果说其他老师提供了一面墙，那么他就是一扇推开的窗。有了窗户，我们就能眺望世界。也许，没有比学生的这一评价更贴切的了。

黑夜给了他黑色的眼睛

——序魏勇《用思想点燃课堂》

"黑夜给了我黑色的眼睛／我却用它寻找光明"。

在一堂关于"文革"的公开课结束时，魏勇曾引用过顾城这句诗，他只比我小两岁，都是 1980 年代读着这样的诗句长大的。我最早从朋友口中听说了他的网名"刘支书助理"，他在网络论坛上很活跃，后来才知道他的姓名，知道他是重庆涪陵五中的历史老师。第一次见面已有好几年了，他到杭州来，好像是和蔡朝阳、周仁爱一起到我家小坐，他那次来去匆匆，聊了些什么，我都已经忘了。大约去年梅雨季节，他再到杭州，第二次来我家，是郭初阳陪他一起来的，因为行程紧张，那天晚上他们到我家时已经比较晚，谈得也不多。就是在这一次谈话中，我知道，他对日本的历史和文化尤其有兴趣，多年来不断收集有关日本的书籍，很有自己的见解。今年春天，我到涪陵停留了两天，我们才有机会畅谈一番。涪陵在长江和乌江汇合处，曾以榨菜闻名于世，那是个山城，到处是坡，如同一个微型的重庆，他在那里教书、读书、上网、写作、喝酒……日复一日，他用黑夜给他的黑眼睛，寻找有意义的生活。现在，他的文章要结集出版，嘱我写序，我总是想到那首名为《一代人》的诗。

他的角色是中学教师，这是他安身立命的职业，他首先在这个位置上发挥自己的影响，在日常的课堂以及与课堂有关的事务（比如评课、讲座、公开课、班主任工作等）中体现他自己的关怀和价值。历史课受意识形态的影响大，很难上好，尤其难出新意，因为受教材、教参、大纲、应考等种种束缚，很少有教师个人发挥的余地。他的课诚然也只是在螺蛳壳里做道场，或者戴着镣铐跳舞，有许多不尽如人意之处，但他的课堂确实挣脱了不少旧习惯、旧框框，引入了丰富的、多维的背景材料和思想方法，尽可能地拓展学生的思考空间，开阔学生的眼界，培养学生独立判断的能力。我觉得，一个人能在少年时代遇上他这样的老师是有幸的。这是他对 2006 级高三毕业班讲的话：

> 很荣幸，我们能够一起经历历史上激动人心的事件，能共同分享一些伟大人物的心路历程。你们不但精通教科书，做了六七十套高考模拟试题，还了解了教科书以外的一部历史，你们知道了"米兰达宣言""网球场誓言"，知道了《纽约时报》诉沙利文案"，初步了解了自由的价值，你们还可以点评古今，臧否历史……

我最欣赏是还是他开的系列"中学生常识讲座"，那大概是课余的。从《批评是最深沉的一种爱国方式》《国家等于政府吗？》到《中国比日本差在哪里？》《民主会导致动乱吗？》《关于美国的几个误区》，这些题目都带有强烈的问题意识，很吸引人，他在历史与现实之间纵横来去，深入浅出，把问题讲得清清爽爽。他做的是嚼饭哺人的事情，普及常识看似小事，实为千秋大事，他普及的不只是历史常识，还有人类的普遍价值。今天的中学生能听到老师这样的讲座，无疑是值得欣慰的。

韩愈说的传道、授业、解惑，这三者他都做到了。他不仅是历史教师，对语文课也有许多独到的见解，让一些有建树的语文老师都大为折服。这应该得益于他的阅读，他在谈到历史教师的知识结构时说过，经济学、哲学、政治哲学、文学等都为他提供了有力的支撑，他关注学术界的动态，而不是局限于中学历史教学的狭小天地，所以常常能跳出既定的结论看问题。我们可以说，他像是一个人文教师，在真正意义上的公民课缺席的时代，我们还可以把他看作是公民教师。

作为一个具有公民意识的人，在课堂之外，他写下了不少与课堂没有直接关联的文章，在精神气质上，他属于80年代，他身上仍保留着未曾被商业和娱乐绞杀的理想主义情结，虽然他也是非常务实的，对现实既有深入的洞察又能适应。难得的是，他在直面现实的同时还能保持自己的真性情，对许多公共事务表达自己独立的看法。他是清醒的，在思想上。他是清晰的，在表达上。

"凭良心教书"，是魏勇的自我定位。良心提供的只是一条为人立世的底线。我曾编过一本《过去的中学》，如果将他放在那个已消逝的坐标系上，像他这样的中学老师也许算不得什么，那个时代的大多数老师都拥有这样的底线，他们都有一颗崇尚知识的心，说真话，独立思考，他们永远活在一代代学生的记忆里，不仅是他们在课堂上的表现，还有他们的个性特征、逸闻趣事。但是在今天，在围绕高考轴心转动的中学围墙里，像他这样长期保持广泛阅读和自由思想习惯的教师已经越来越稀罕了。好在有了互联网，让这些散落在各个角落的星星有了相互碰撞的机会，一个具有精神独立性的中学教师群体浮出水面，他们包括浙江的蔡朝阳、郭初阳、周仁爱、周慧英、吕栋等，包括湖北的苏祖祥、梁卫星等，包括四川的范美忠，同在涪陵的魏勇、周迪谦，还可以包括上海的一位小学教师朱煜，还有许许多多我说不上来名字的人。他们的出现未尝不是对我们这个时代的安慰。

20年前我也曾做过中学教师，在他们的生活中我仍能依稀看见自己的某些影子。"按照自己的内心来生活"，是魏勇一篇文章的题目，这是他追寻的梦，一个美好而奢侈的梦，无论如何，有梦的人生是值得过的。杭州与涪陵、钱塘江与乌江，很远，也很近。远是地理上的，因为那里生活着魏勇、周迪谦这样的朋友，也就变得很近。

2007 年 7 月

公民练习：寻求普通人的意义

——序蔡朝阳《寻找有意义的教育》

从才子文章到公民写作

朝阳是绍兴一所中学的语文老师，我与他认识已经快八年了，他们第一次结伴来我在杭州耶稣堂弄的家，找不到门，我从六楼下去到大街上接他们的情形，还依稀记得。他那个时候的文字，我也很喜欢，比如写于2001年的那篇《宋六陵记》：

> ……六陵仍旧掩埋在茂密的茶树林下。唯一可以看出这里有奥妙的，是一丛丛突兀、奇高的古松。在绍兴，这样的古松只有两个地方可以见到，就是六陵和"木客大冢"。徐渭过富春江时的诗句"老树拿空云，长藤网溪翠。碧火冷枯眼，前山友精祟"，形容这里，居然十分合适。那些古松拔地而起，树龄均上百年，高可有二十多米，和低矮的茶树映衬，更显得夭矫。另外奇怪的是，这些古松只在顶端有稀落的枝叶，而并不亭亭如盖，不知是树种如此，还是被人为斫去的。"碧火"、"精祟"这样的东西，在天色昏黄的时候想到，令人毛骨悚然！
>
> 不过，陵墓么，就应该这样，荒烟蔓草，暮霭四合才有气氛。

第三辑
与教育人相遇

187

设想一下，夕阳昏昏，归巢的暮鸦在天边盘桓，加上凉风穿旷，松涛呜咽，如诉如泣。真所谓"萧骚岑寂"呀。

我去过宋六陵好几次了。第二次去六陵后，在上课时跟学生讲了讲，并且引了袁宏道"老松横道，杜鹃花啼血满山"和李贺"秋坟鬼唱鲍家诗"的句子，几个学生便生出雅兴也去了。谁知回来以后就大呼上当，进而大骂我是骗子，说除了茶叶什么都没有。的确什么也没有，我喜欢那里，仅仅一个气氛而已。

这种文字有晚明小品的流风遗韵，弥漫着一种江南的才子气，这是我少年时代就熟悉的文字风格，从张岱的《陶庵梦忆》《西湖梦寻》，袁氏兄弟的短文，沈复的《浮生六记》，到黄仲则的诗、纳兰容若的词，以及苏曼殊的诗和小说，都属这一类型，"一星如月看多时"，敏感而空灵，带着淡淡的忧伤，很中国，也很古典，这样的汉语气质曾吸引、陶醉过一代又一代的读书人，我也曾是其中的一个，每当见到这样的文字，难免会怦然心动。

我与朝阳相识在 2003 年，那时他上网已有几年，2001 年就在新浪的读书论坛发表文字，已由纯粹审美的文学感觉中逐渐走出，开始对社会生活有了更多的思考。之后，他 2004 年春天在天涯社区开通的博客"读书写字"（后更名为"黑暗时代，读书写字"）可以看作这一转变的一个明显标志。他仰望的不再是单纯的文学星空，他感叹的不再是"或者所谓春天"，他歌咏的不再是"采桑子"，他向往的不仅仅是"桃花乱落闲读书"的境界，展现在他面前的是一个更真实、更宽阔的世界，他在午夜梦回之时，在键盘上敲打出的一篇篇文字，更多地关乎当下，与这个时代有了更多的血肉联系。

2008 年冬天，我们一行朋友到乌镇去游玩，在景区街头目睹一个白发老妪骑坐在屋脊上打着红旗、举着标语牌，抗议官商勾结强占她的家园。我们给老太太拍照，和她聊天，她说的一番话，令我们心生感慨：
"公民有合法做生意的权利，也有依法纳税的义务。可是他们剥夺了我纳
税的机会，剥夺了我做一个好公民的权利！"于是我们的话题自然而然转
到了公民和公民社会、公民写作上来，我提议回家后，由朝阳写一篇文
章，贴在博客上。我当时说，朝阳的文章越来越好，已经从文人写作变
成了公民写作，这是一个十分可喜的跨越。随后，他写的文章就以老太
太的话为题：《他们剥夺了我做好公民的权利》。

　　我目睹了他写作变化的过程，这些年来他的文章我大都读过，其中
多有精彩之作，《在鲁迅路口》是他在 2006 年写下的，那个上下班必经
的路口，他熟悉极了，生活在绍兴，年年岁岁读鲁迅，教鲁迅，他将自
己日积月累的欣喜、困惑、那种似乎矛盾的心理都写出来了，鲁迅的闪
电雷霆般的语言，痛彻国人肺腑灵魂的洞察力，诅咒黑暗的力量，同时
他也写下了一段"腹诽"：

　　　　我对你充满了腹诽。因为我在读你的时候，时时看见了自己无
　　辜的影子。每次讲授《记念刘和珍君》，我都如芒刺在背，进退失
　　据。你一口一个"庸人"，一口一个"无恶意的闲人"，你对普通民
　　众的愤怒多么深切啊。"忘却的救主快要降临了吧"，是的，忘却就
　　是我们的本能。可是，大先生，为了维持我们肉体的生存，在这个
　　充满了刀俎和杀戮的年代，我们还有哪一条道路可循？人们告诉我
　　这是"哀其不幸，怒其不争"。人们还告诉我，"爱比死更冷"，只
　　是，先生，你能给我一个更高的超越的可能吗？

　　　　很多人，从你脚下经过，仰头看看，或者不看。你说，你一个
　　都不宽恕。我趁着绿灯的时间，从你脚下经过，我打算，宽恕每一
　　个人，包括我自己。

　　除了文章的长进，这些年在思想上的自我训练，使他的见识大大长
进，这是从才子写作过渡到公民写作的坚实基础。读了俞可平的《民主

是个好东西》以后，他对其中存在的一些问题，有自己的看法，正好俞
可平是他的诸暨同乡，也是他叔叔的朋友，他和认同俞可平观点的叔叔
有过一次饭桌辩论，据此就写出了一篇完全真实袒露自己思想的文字。
2006年12月，刘军宁在《南方周末》撰文呼吁来一场新的文艺复兴运
动，知识分子纷纷发表文章，他也参与到争论之中，写了《在当下中国
谈文艺复兴是奢侈的》一文，不同意刘军宁"观念是一个起点"的看法，
"认为利益才是起点，有了利益冲突，人们才会在这个不断的冲突中寻求
和解。对普通民众而言，他们的驱动力不是观念，而是利益。……对普
通民众而言，只要意识到自己的利益和权利，就够了"。他尤其不同意
对现实太乐观的看法，"不要去谈论遥远的文艺复兴，不要对当下有过高的
期望。低头看路，着手做事"。他的观点诚然可以商榷，他的思考和感受带
有自己独特的生活经验，提供了学者往往不具备的一些元素。2008年4月，
在奥运火炬引发的抵制家乐福事件如火如荼时，他写了《这是一次重要的思
想观念的对决》，对爱国主义、自由主义都提出了清楚、理性的看法。

　　这些文章不是从书本中来，而是从生活中来，从正在发生的关乎我
们当下和未来的那些事件中来，他不回避，不遮掩，而是真诚地提出一
己之见，他的文字是感性的，表达的观点却是理性的，这正是他文章的
特点，以行云流水般的文字，力求将自己对大问题的认知说得明白、清
楚。这个时候，他的文章不是从空灵、抒情的审美性出发，逐渐往实在、
朴素这一路演变，毫无疑问，单纯的文字美感已不再是他的追求。无论
是到绩溪访胡适故居、到苏州为林昭扫墓，他对故乡草塔变迁的感怀，
还是写教育、写孩子，不同的话题在他的笔下都充满了一种崭新的气息，
那是内心自由的气息，公民的气息。

公民社会从身边建起

　　朝阳经常说起，大学毕业，分到绍兴的一所中学教书，曾经过了几

年无聊、寂寞甚至有点沮丧的生活，而网络慢慢地改变了他的生活，也改变了他的心态。从"消极生活"到"积极生活"，这种改变要感谢神奇的互联网，因为网络，他开始在上面写作，私人性的写作转变成了公共性的写作，他的天涯博客，今天已拥有 400 多万点击量，影响日渐扩大。另一方面，通过网络，他也突破了原来的交往圈子，网络至少使我们有了过一种虚拟的公共生活的可能性。

在他所栖身的古城绍兴，如果不是网络的出现，几乎很难找到同道者，正是网上的读书论坛催生了他们的 E 网读书会，我曾先后去参加过两次，一次是在一家酒吧，一次是在绍兴文理学院，是绍兴 E 网与人文学院合办的，关于"鲁迅与鲁迅文学奖"的讨论。通过这个读书会和网上论坛，他认识了许多跨越不同行业的有热情、有活力的年轻朋友，大家的兴趣、专业各不相同，但都关心这个城市，希望过一种有尊严、有意思的更健康的生活，正是这种生活的愿望使他们聚集在一起。

2008 年 1 月初，绍兴 E 网在当地一家剧院举行年度晚会暨年度人物颁奖典礼，一个纯粹民间的自发活动，有两位网友获得了"E 言九鼎"诚信卖家奖，还有网友获得了"E 网情深"最具深情奖、"E 心一意"最佳团队奖，他也意外地获得了一个"E 字千金"最佳原创文学奖。这个奖没有奖金，只有一个透明的水晶奖杯，他却十分珍惜，因为这是按民间尺度设定的奖项，代表了一种新的社会价值。他在当夜写下的《E 网是一种生活方式》中说：

> 晚会也是这样的，没有半点官方的正式的气氛。我很喜欢今天的晚会，闹哄哄，又有一些杂乱。都是网友自愿参加表演，业余团队，水平不专业，但是投入、高兴。组织也不是很完美，经常出一些小状况，比如演小品的网友，无线麦克风掉出来两次；布置道具的时候，"三碗不过岗"的旗子掉下来；等等。主持人还在台上说话，很多小朋友跑到台上去捡彩纸，跳来跳去，呜哇乱叫。当颁奖

的时候，有几个颁奖嘉宾找不到了。但我真喜欢这样的小小的意外的场面，比那种严谨的一丝不苟的官方晚会，多了人情味和亲和力，那种晚会，连笑声和掌声都是预先安排的，他们就当观众都是呆子！而这个晚会，活力四射，是网友自己组织参与的，是自由的，民间的，随意的——真好！每个观众都自己买票入场，30 元一张。即便你跟 E 网的老板是哥们，他也不给你赠票。当然，30 元不是从你这儿赚钱，他还有礼品，有抽奖，还有晚会结束的电影等等。

他们并非只关心自己生活的城市。2008 年汶川地震发生后，他和陈伟峰等几位网友一起在网上发起募捐，最后募集了 18 万元善款，他的博客那段时期不断公布有关信息，记得还有捐款的账单之类，他们想在灾区援建一幢坚实的教学楼，期间经过了无数的曲折。作为尚在初级阶段的民间社会一分子，他在其中感受到了快乐，也体会到行动的艰辛和不易。

他说自己是个务虚多于务实的人，网友推动的许多事他并没有去参与。他深知精神的追求是跨越地域的，但也强烈地意识到："地域，确实是我们得以产生在场感和推进力的所在，我们曾在一次次的讨论中，呈现分歧，不断明确，不断获得共识。这个共识在于，要用理性的、非暴力的方式，呈现我们的权利诉求。要用克制的，然而坚决的态度，去坚持我们的言说。允许失败，目的不指向任何可以达到的物质利益，目的仅在于表达我们的不同意见。"

2009 年清明节前夕，他和 6 个朋友以绍兴市民的身份自发地前往蔡元培故居旁边的子民广场，向蔡元培先生表达敬意，献上鲜花，宣读他执笔的祭文。

当时，全国共有 16 处大型公祭，除了孔子和"三苏"以外，全是帝王将相。网上还传出山东清河县要公祭西门庆的消息，有感于此，他们想以简单的民间方式纪念他们的乡贤先辈——新文化运动的推动者、北大的奠基人。

今年春天，他们邀请出色的盲人民谣歌手周云蓬到绍兴开音乐会，引起了小小的轰动，因为当地人对民谣的热忱，周云蓬干脆在绍兴租房子住了下来，随后举办了多场音乐会，歌谣给这个古老的城市带来了一次次的激动，特别是 8 月 14 日举办的"追忆似水年华：一百人与周云蓬共唱一百年"。朝阳不久前写的《音乐照亮梦想》中说：

> 我热爱李青兄为其音乐台所录制的一句宣传语：有音乐就有全世界。确实如此，自 4 月份老周第一次演唱会以来，万晓利、刘东明等我们热爱的歌手，相继来到这个江南小城，给我们带来最为美好的音乐，而以老周这次的"追忆似水年华"谈唱会为高潮，我有一种深切的感触，我所居住的城市，正在变得更加可爱，正在变得更加宜居。如果城市尚有可能使生活更加美好，而音乐，则毫无疑问，正在使得城市更加美好。

用朝阳自己的话说，这是他们在"尝试一种更有意义的生活"，一种属于自己的生活，也就是不断地往真实的公民生活靠近。我们知道，没有公民社会，不可能有公民的存身之地，但公民社会不是天上掉下来的，也不是任何人可以恩赐给我们的，它只能日复一日，在平常的生活中，在这块土地上慢慢生长，让一部分人先公民起来，正是我们今天面临的任务。

教育，做一个公民的支点

教书多年，朝阳一直不讳言他并不热爱这个职业，他不必全力以赴，课堂、练习题、高考不是他的兴趣所在。但是十几年的教师生活还是赋予了他教育学的眼光和职业精神，包括与学生的交往，乃至米奇尼克访华时，他在"推特"上问的问题也是站在一个中学教师的角度。在教育当中，他逐渐找到了自己做公民的支点。

作为一个热爱阅读的老师，他给学生开读书会，也给学生开书单，只是最初推荐书目基本上是文学类的，他爱好古典文学，对外国文学也有兴趣，中文系给他的趣味大致上也在美这个范围内，对真与善的维度没有太多的留意。但是，随着阅读视野的打开，他的书单开始变化，从1.0时代、2.0时代到2.1时代，渐渐从文学的框架里跳出来，涵盖历史、哲学和其他各类社科和人文书籍。因为他意识到，公民教育，需要的是权利观念的启蒙，需要的是理性思维的训练。

对他来说，不能忽略的一个经历就是他参加的那次竞选，大约2006年，他所在的学校领导宣布基建处主任开放竞选，每个老师都有资格作为候选人参与。他在竞选演说中说，自己是冲着"民主"两个字来的：

> 作为一个相信民主制度是最不坏的制度的人，作为一个坚信民主制度的价值的人。这次，既然民主来了，我想，我要做一个知行合一的人，不能做空头理论家，如列宁所谓"语言的巨人，行动的矮子"。又则，可爱的政治老师告诉我们，美帝国主义的民主是虚伪的民主，而我们社会主义的民主才是真正的民主。……我想，我非来不可，我内心里有一种责任感，一种紧迫感。当然，社会主义民主是民主集中制，语文老师都知道，这个词语的重心落在"集中"这两个字上，但无论如何，都是有过民主的嘛！
>
> ……如果你用你神圣的选票，淘汰了我，那么，我要祝贺你们。因为今天，我竞选的失败恰恰是你们民主权利的胜利。
>
> 如果你们用神圣的选票，选择了我，那么，我不但要祝贺你们，还要向你们表示敬佩，敬佩你们的知人之明，因为你们没有看错，你们选择了一个最合适的人。劳动人民的眼睛毕竟是雪亮的啊！

他的参与本来只是一种"as if"，结果却得到了最多的选票。领导让他去当总务副主任，忙碌了几年，他再三要求，终于辞去。这段贴近基层权力的生活经历，是一次亲身体验体制运作的机会，使他更真切地看到体制之弊，也因为这段经历，他在论及中小学教育体制等问题时，获得了新的观察角度。

学校例行的早会，日复一日，原本都是毫无生气的人云亦云，他试图作一点小小的改变，注入一些新而活的内容，他从梁漱溟的《朝话》中汲取灵感，第一次上去讲《坚守我们的教育理想》，他说坚持理想是一种自我启蒙，启蒙需要从自身内部发光。奥运火炬事件发生，国内有一种抵制家乐福的气氛，正好轮到他讲话，他告诉学生，法国人游行示威的权利，就是政府也不能干涉。说到底，他最大的希望就是学生能朝着一个现代公民的方向走去。

在学校以外，因为《教师之友》和《读写月报·新教育》的约稿，他写了不少与教育有关的文章。2004年1月，《教师之友》刊出的"那一代"专题，对魏书生、钱梦龙、于漪三巨头进行批判，引发了热烈争论，其中反响最大的就是他那篇《魏书生——技术主义与权威人格的末路》，从知识结构的致命缺陷、教育理念的根本性偏差两个方面，对中小学语文教学界的权威进行了尖锐的批评。2009年，他与郭初阳、吕栋等人有关小学语文课本的研究报告，对现行三个不同版本的小学语文教材作了一次审视，发现了许多严重的问题，从事实真相到价值观念，可以说，中国孩子还在吃错药。

如果说2004年他挑战权威魏书生的那篇文章，影响还在教育圈内，那么，"救救孩子"的影响则大大跨出了教育圈，许多媒体都作了重点报道，甚至成为一时舆论的热点。

他自述儿子的出生对他影响很大，尤其在教育观，在看待教育的问题上，他围绕着儿子学步、学语的成长过程所写的那些文字，也都足以融入到公民教育、建设公民社会的进程当中。教育，在他心目中，不仅仅是课堂，不仅仅是练习和考试。早在2004年春天，在杭州现在已消失的三联书店，有过一次"中学人文读本"的座谈会，当时崔卫平、丁东、

第三辑　与教育人相遇

谢泳、邢小群诸位先生都在，还有许多中学教师和中学生，记得他在发言中就直言，没有什么素质教育与应试教育之分，只有人的教育与非人的教育之别。他要做的就是人的教育，他有关教育的文章和所有努力都是围绕着这个目标的。

为有源头活水来

在他的《阅读会内化为血脉与骨骼》一文里可以看到，从中学时代到大学时代，他的阅读主要限于文学作品，最多加上美学，这是他全部的精神滋养，也是那些弥漫着文人气息的才子文章之由来。大学毕业之后，林贤治、顾准、余英时、殷海光、唐德刚、黄仁宇、费正清、史景迁、汤因比等进入他的视野，阅读结构逐渐发生变化，从单纯的文学阅读转向涵盖历史、思想的人文阅读。肖雪慧、崔卫平、艾晓明、何清涟、龙应台等知识女性的著作也深深吸引了他。这当中网络的作用是不可忽略的，波普尔、哈耶克、贡当斯、托克维尔、以赛亚·伯林乃至哈维尔、米奇尼克等的世界一个个向他打开，他的精神资源变得日益丰厚起来，捷克天鹅绒革命的推动者哈维尔倡导的"生活在真实中"，波兰和平转型的灵魂人物米奇尼克所说的世界是不完美的，灰色的是美丽的，为了美好的今天而不是明天，"as if"……这些都对他产生了深刻的影响。

他一而再地提及那段经历，上班磨日子，"生活在下班之后才开始"，直到他的世界一点点扩大：

> 既然日子要一天一天地过，那么可不可以尝试着，每一天，都尽量将自己放置在真实之中呢？既然空气和泡沫也是一天，尽量真实也是一天，那么，不如试试尽量真实的方式看。反正我从来不想得到什么，也不会失去什么。

他尝试着在单位也尽可能地说实话，展现真实的自我，与同事分享自己内心的想法，结果发现有很多人同意他。他意识到，我们不得不和别人一起共享这个世界，虽然我们不可能一下子改变世界，但我们说出真实，将自己的主张表达出来，就是一种责任，也是一种推动。这正是他尝试过一种"更有意义的生活"的一部分。

特别值得一提的是，这个原本对经济学完全陌生也毫无兴趣的文学青年，从最初接触到杨小凯的《百年中国经济史笔记》，第一次意识到，经济学在改造社会，推进社会进步方面的作用，他把从网上下载的这本书打印、装订，做成了平生第一本自制的书，这也是他在经济学方面的第一种启蒙读物。他把能找到的杨小凯的著作全部找来读了，而杨小凯在经济学以外谈宪政、谈时政的文字，更让他感受到一个经济学家的公共关怀。循着杨小凯，他走近了亚当·斯密的《国富论》、米尔顿·弗里德曼的《资本主义与自由》，让·德雷兹、阿玛蒂亚·森的《饥饿与公共行为》。他服膺弗里德曼的自由市场理论，前两年金融危机发生时，他认为中国的问题不是自由化过多，恰恰是管制过多。华人经济学家中，在杨小凯之外，对他影响大的还有陈志武、茅于轼及财经作家苏小和。他说："读经济学带给我最大的影响，大概是推动我从文学青年实现转向。从文学青年的特质中抽身出来，我觉得是我这几年最大的进步，这个进步一则是从读历史而来的……一则就是读经济学。从文学梦走向努力学做一个现代公民。"

正是这一转向，使他不久前完成了一本专门写给小学生看的读本《为什么不能把所有东西买回家》，围绕着他儿子蔡从从，从鲜活的现实中撷取很多真实故事，步步深入，为孩子解答：为什么不能够把所有的玩具都买走？钱从哪里来？工作是什么？假如你有一笔钱会用来做啥？勤劳就能致富吗？……这样充满生活感，同时又有知识积累和精神视野的读本，正是今天儿童读物中所匮乏的。不能忽略儿子带给他的灵感，正是他对儿子的爱，使他身上的才华和责任一天天地显示出来。他的经济学知识是有限的，但是他做的这件事实际上已超越了经济学的界限。

朝阳的精神资源不仅来自书本，来自知识先辈们的思考与探索，还来自生活中呼吸相关的一个精神共同体，从大学时代的同学挚友郭初阳，到网络时代逐渐扩大形成的跨地域的朋友圈，其中有很多是中学教师，比如吕栋、周仁爱、范美忠、苏祖祥、梁卫星、魏勇等人，也有民间社会各行各业的朋友，大家相互砥砺、交融互补、讨论对话，成为彼此的精神资源。这种影响也许一点都不亚于闭门读书。

朝阳还跋涉在通往现代公民的路上，生活远未完成，收入本书的每一个字，都在为他的脚步作证。这些年来，他的思考、言论和行动，可以为民间社会的成长作一个具体而微的注脚。他持的一种低调、建设性、可持续的行为准则，看起来不够雄浑、不够过瘾，但他确乎浑身都散发着民间的气息，有点儿散淡、随意，从行事为人到作文似乎都是如此，他的目光总是那么诚恳而清明。

就职业而言，他在中学也是在体制内，我常想，是否在体制内谋生并非衡量一个人是否独立、民间的标准？有些人身在体制外，整个价值观、思维方式、语言表述都在体制内，有些人身在体制内，但心态、语言、思想和行为方式都是民间的。他不是那种五百年才出一个的天纵之才，既不能一言足为天下法，也不是勇者无惧，没有为了理想出生入死、赴汤蹈火的表现，他只是一个普通人，毕业于一所普通师范学院的中文系，任教于一所普通的中学，没有显赫的学历，没有惊心动魄的人生履历，却因着他不停地寻求做一个普通人的意义，他点燃了自己这盏灯。也正因为他是一个普通人，以做一个普通人、过普通人的生活为目标，他的所思所想、所作所为才更具有示范性，是每个普通中国人都可以效仿、可以普及的，他的文章也属于普通人的感想、普通人的思考，他为普通人如何走向自由之路提供了一个生动的实例。在民间社会崛起，重建一个新时代的过程中，这个平凡的实例所具有的意义，也许超过了许多为媒体广为报道的典型事件。因为他所经历的、正在经历的都不是高不可及、需要巨大道德勇气和牺牲精神才能做到的，他只是在脚踏实地做公民的练习。

2007 年的最后一天，他在博客发表过《重申一个公民社会的理想——2008 新年献辞》，篇末曾引用诗人涅克拉索夫的诗句：

你可以不做诗人
你一定要做一位公民

2010 年 9 月 21、25 日初稿，10 月 4 日杭州桂花开时改定

行走在文化中国

——序李琦《白丁华服》

　　与李琦兄相识数年，他是厦门大学法学院的教授，大约 2010 年春天，我们第一次在厦门见面，他接我到海边一个精致的餐厅吃饭，茶叶、茶杯却是自带的，说起他家乡闽东福鼎的白茶，他充满深情，也是那一次他跟我说起自己的课堂，就是他身为教授，给学生泡茶、斟茶，整个课以学生说给他听为主。这不是他的专业课，而是他为全校学生开的选修课之一，说是选修课却不像一般的选修课，学生选课，他选学生，人数有限。我当时听了就觉得好奇。

　　不久前我到厦门，他交给我一叠书稿《白丁华服——这一番粉墨人生亦快哉》，嘱我写序。从厦门到三亚，我在机场和飞机上读完书稿，对他在厦大开的选修课——阅读·理解·表达、辩论与演讲，有了更多的了解，对他的选择也有了更深的理解。

　　椰子林边，海风吹拂，民国建筑的教室里，是马蹄形摆设的课桌，他为学生备下精心选择的绿茶、红茶，整个课堂，学生围绕他预先布置的题目说给他听，也是学生之间的彼此分享，他说得很少，却始终在引导着学生讨论与分享，像"二十世纪的交通革命""二十世纪的历法革命"等大题目，在这样的课上都可以有深入而细致的讨论。更重要的是，他的课上有温度和温情，是老师为学生沏茶的课。

他会在给硕士研究生上的法律谈判课上举行模拟的毕业典礼、模拟的婚礼，学生各自扮演不同的角色，分别致辞祝福，而他献上喜庆的对联。

他会在上弦月之夜，邀请学生到厦大山海之间的上弦场雅集，备下竹叶青，学古人行酒令，对得好的多浮一大白，对得不好，陪浮一大白，那天他出的对子是"上弦月影竹叶青"，学生所对，颇有贴切的。

许多上过他课的厦大学子终身受益，在福州的报纸副刊上，还有学生在思念昔日的课堂，他们心中的李琦老师。他是一个有故事的教授，一个进入了许多学生生命记忆当中的教授，比知识更有吸引力的是他所苦苦求索的精神，是他在人格上的坚持。

这样的教授，在今日的大学校园里越来越稀有了。可以说，他浑身上下、从里到外透着一种民国气质，仿佛不属于这个时代似的。这种气质不仅来自他的生活方式，也不仅体现在他对母语，对优美、纯粹、有生命的汉语近乎执拗的追求，更重要的是，他对民国以来的大学学统的自觉承续。他身体力行，在他力所能及的范围内，在他的课堂内外，他的学生可以直接体验到活的学统，他身上流露的正是民国那些教授们的性情、趣味、思考，这一切都要在具体的生活、交往和教学中呈现出来，才是有生命的。他的课之所以真正受到学生的喜欢，不在于他的高深莫测，而在于他把自己对大学的理解、对学统的体悟，在课堂的每一环节、在细微之处流露了出来，学生在这里真实地感受到了什么是大学，什么是厦门大学的精神所在。

他真正爱厦大，自 16 岁考入厦大，1984 年留校任教，数十年来，他人生中最重要的时光都在这所大学度过，厦大的一切，几乎与他的生命已融为一体。他曾专门带我到他平时上课的教室外那条罗马式长廊走过。他告诉我，由花岗岩条石铺的风雨长廊不仅贯通了群贤楼的五幢楼，而且每条条石前后衔接的地方是波浪形的；这是一条通往知识殿堂的长廊，也是一条展开的时间之轴；一脚踩在上面，也就踩在了厦大九十几年的历史上。说起厦大，他有说不完的话。他正是从自己的老师身上，从厦大的校史中汲取了精神资源。他巴不得也能同样地滋润他的学生，在他看来，或许这就是生生不息的学统。

他学的是法学专业，长期执教宪法、中国法律思想史等专业课，担任过六年《厦门大学法律评论》主编，对现实当然有着恰当的理解，他不是一个虚无缥缈的理想主义者，从来不是生活在梦中，但是他清楚地知道自己该做什么，能做什么，做不了什么，可以放弃什么，不能放弃什么，不管现实的环境有多么纠结，一个人依然可以有所为、有所不为。这本书记录的点点滴滴，就是他对老师这个角色的理解，对接续学统的自觉。在一个举世浮华、追名逐利的时代里，他懂得将自己的生命安顿在哪里，他知道总要有些人避开熙熙攘攘的人流，默默地走自己的路。他的追求是自觉的。事实上，一个民族的精神解放也只有从一个个个体的自我解放开始，改变总是从个体开始。当然，他并不认为自己做得有多好，酒酣耳热之际，他只是淡然表示，要让后人知道，即使今天大学里也总还有几个喘气的活人。他深知，他所做的，只是在一个很小的范围里，影响的学生也很有限，但他明白，他守护的是一个文化中国，他为未来而活。

当下红尘滚滚，终将随风而去，遍观正史野史，明君暴君昏君庸君、奸臣忠臣贪官清官所代表的那个中国之外，始终有一个文化中国，可以穿透无情的时间之流，甚至可以说，没有这个文化中国，便没有中国。一个大学教授应该怎样面对现实，不同的人会作出不同的选择。他的选择是以自己的课堂和生活活出一个文化中国，这种生命姿态是活的，不只是捍卫学统、承续学统，而且是成为这个学统当中的一环，上接民国，下启未来的世代，如同那条长长的罗马长廊上波浪式的条石，他也将成为其中的一块。

美的相遇 傅国涌教育随想录

2014 年 5 月 12 日

心事浩茫连语文

——序苏祖祥《语文不是语文书》

知道苏祖祥最初大约是在李玉龙主持的"第一线"网站，那时，《教师之友》消失不久，但一批散布天南海北、心怀梦想的中小学教师已在李玉龙身边聚起来，他们当中除了 2003 年来过我家的范美忠、郭初阳、蔡朝阳、周仁爱、吕栋等，我有印象的包括当时还在重庆涪陵的魏勇，也包括湖北仙桃中学的两个语文老师，其中就有苏祖祥，这批老师大部分是 70 后，他则是 60 后，比我还大了几岁。

第一次见到他已经是 2006 年 4 月，胡发云的长篇小说《如焉》在武汉东湖开了一个特别的研讨会，许多非文学界的朋友与会，其中就有蔡朝阳和苏祖祥等中学教师，朝阳叫他"老苏"，他之获邀是因他的评论《如焉：我们到哪里去？》最初在天涯社区的"关天茶舍"发表，引起了不少的关注。那是一次难得的盛会，丁东、崔卫平、艾晓明、邓晓芒、李工真、赵林、刘洪波等都在，我们外地去的住在东湖宾馆，正值春天，满眼绿色，处处有花，湖水浩荡，清风徐来，每当夜色四合，我们聚在一起喝茶聊天，半夜才罢。

朝阳说老苏 2002 年就有思想随笔发表于《书屋》杂志，也活跃在当时勃兴的网络论坛上，如天涯社区、凯迪社区，后来中国选举与治理网、爱思想网、共识网等网站也都有他的文章，有思想随笔、文化和历史评论，也有时政评论、国际评论，这在中学语文教师中很不简单。当时，我很想编一本适合中学生阅读的《简明世界文明史》，讲述希腊、罗马、荷兰、英国、美国、法国、德国、俄国、日本等国的文明进程，想邀请这批在第一线任教的中学教师执笔，祖祥选了俄国，并很快写出了一篇相关长文《十二月党人：掠过夜空的流星雨》。这个计划因多数人没有完成而流产。而他是其中写出了文章的两个人之一。

2008 年深秋，应他之邀，我曾专程去过他们仙桃中学，作了一场题为《自然科学家的人文视野》的讲座。记得那次郭初阳与我同行，魏勇也从北京过来，他们分别上了一堂作文公开课和历史课。我们在仙桃住了一宿，聊得很晚，他对胡适的自由主义理念颇为认同，在许多现实问题上，我们也有共识。临别之际，他和几个同事执意要送我到武汉，交给接待我的朋友才肯离开。隆情高谊，我一直铭感于心。期间，他也来过杭州几次，每次都有美好的相聚。

2013 年 5 月，我主编的"回望民国教育"系列由清华大学出版社出版，在温州苍南中学举行首发式，还有一场民国教育研讨会，他也赶来了，并在会上作了一个"何为语文？语文何为？"的发言，他认真地写了长篇发言稿，可惜给他的时间不够，只能说个大概。他把全文发给我，我觉得颇有新意，特别是对美国语文与中国语文的比较，视野开阔，我建议他在发言稿基础上作进一步的思考、修改。这里有个小小的插曲，他最初对三种语文课本（现行人教版语文、美国语文、民国语文）进行比较时，把北京有个书商找人编的"民国中学语文"，当作了民国时期的原版课本。此书出版之前，书商曾找我为此写序，我便指出这一点，这只是民国时期不同版本的中学国文课本选文汇编，无法体现民国课文本身的特质，没有答应写序。我指出这一点后，他及时删去了相关的分析和比较，把重点放在与美国语文课本的比较上。

这也成为他 2014 年"美国语文观察"的开始。当时，正好山西的老牌杂志《名作欣赏》找我约稿，我便把他推荐给了主编。很快由他主持的"美国语文观察""《国文百八课》观察""台湾《国文》观察"等系列便源源不断地推出。其间他还邀请蔡朝阳、杨林柯、周迪谦、李华平等同行执笔，蜀中作家冉云飞、陕西作家狄马，以及孙绍振教授也加入进来，构成了一次小小的"语文研究热"，相关文章曾被《中国教育报》微信公共平台、共识网、爱思想网转载。

《名作欣赏》和他几次邀我执笔，我因杂事缠身，腾不出手，未曾介入。但我一直留意这一系列的语文教材观察，并由衷地为他们所做的工作感到高兴，尤其为祖祥的努力感到欣慰。今年夏天，我们在大连的《教师博览》第二届读书论坛上相遇，他跟我说起，他的书将要出版，嘱我写序。

他是一个中学语文教师，他的视角始终不离语文，却又摆脱了寻章摘句、碎片化的学科束缚，深入到语文的本质，触摸到思想的语文和语文的思想，从语言学、文艺学、历史学、伦理学、哲学等角度，对教材编辑、文本解读、训练体系等都有新的理解。他的《历史：为语文建立坐标》一文带着较强的形而上思辨色彩，不少思路多与我平时的思考不谋而合。"语文不是语文书"，这个说法并非故作惊人之语，前辈教育家早就有过类似的论断，叶圣陶先生曾说，"语文教材无非是例子"，林语堂也说过，"教科书并不是真正的书"。在这个意义上，祖祥所做的工作，无非是尽力拓展语文的无限性，将有限的语文书带入无限的语文天地，从而找回因长期的知识点教学导向而丧失的语文之魂，重新为语文教育定位。

"语文不是语文书"，意味着真正的语文不是几本语文教科书所能涵盖的。他在书中反复强调，语文的范围应该包括语言和文学，也是科学与艺术的融合。真正的语文应该对人类文明采取开放包容的态度。只有对人类的精神生活、创造活动保有永不衰竭的兴趣和爱好，对语言积累、言语活动、文学艺术有着强烈的好奇心，语文才有可能是活泼的、充满生命力的，语文之树才能常青。一个好的语文教师尤其应该如此。他提出真正的语文在语文课本之外，可谓深得语文个中三昧。

他已在讲台上站了31年，致力于找回语文的真实意义，却一向信奉温和、节制、平衡的渐进主义，据他自己说，既能顾及学生的高考目标，又尽可能培养学生的可持续发展能力。他不愿急功近利地逼学生死学，也不愿华而不实地放空炮。他不会只顾眼前，一切围着分数转，也不会故作惊人之语，凌空蹈虚，愤世嫉俗，而是尽自己所能，帮学校联系作家、学者和名师作讲座、开课，开阔师生的眼界。

他试图为语文寻找坐标原点，也就是从古今中外的文明成果中寻找语文的真谛。他常常说，语文实际上承担着寻找言说方式、探寻生命意义、追问存在理由、凸显个体尊严、形塑民族性格的重任，承担着为每一个人寻找安身立命之所的责任，换言之，语文教师就是要帮助学生构建自己的精神家园和言说体系。与此同时，当然也为语文教师自己找到安身立命之本，可以说，他找到了。他喜欢鲁迅先生的诗句："心事浩茫连广宇"。作为一名将大半生的有效生命都奉献给了讲台的教师，成全学生更是他的心愿，他所期待的就是一个个元气淋漓、生命健旺的公民茁壮成长起来，一个新的时代渐行渐近。他一面紧贴着大地，默默前行，一面志存高远，仰望星空——心事浩茫连语文，他就是这样一个人。

2016 年 10 月 7 日完成于杭州

先生当年

——序王木春《先生当年》

　　起源于 20 世纪初的新式教育还保持着悠久农耕文明的温情，同时又有了工业文明带来的最初的新鲜。文明过渡期在教科书中呈现出的不是激变，而是渐变；不是冲突，而是兼容；不是断裂，而是延续与生长；不是焦虑、不安、高调的，而是安静、单纯和低调的。教育本来就是春风化雨式的，不是秋风扫落叶式的，新式教育的方向稳健、平和、踏实，最初决定着教育方向的是有旧学根底，同时又面朝新时代的那些人，从蔡元培、张元济、张伯苓到胡适之、陶行知这些人都是如此。

　　蔡元培、张元济分别是 1868、1867 年生人，都是从旧学中熏陶出来的，以进士、翰林的身份投身教育和出版事业，从 20 世纪初开始参与了最初的教科书编辑，对于建构中国现代教育的贡献自是不言而喻。比他们晚一辈的胡适之、陶行知、晏阳初、叶圣陶、钱穆他们则是 1890 年代出生，只上过中学的叶圣陶、钱穆和留美归来的陶行知、晏阳初，都曾是小学老师，或致力于乡村教育、平民教育，叶圣陶和陶行知在不同的时空中不约而同地将教育看作是将一个古老国家带入民主的基础。1911年 12 月 2 日叶圣陶在日记中记着，他不愿听父亲的话，去考时兴的电报学堂，而想从事教育，来影响人心，他对同学顾颉刚说：

第三辑
与教育人相遇

207

今世人心，固执者尚其大半，无定者亦非少数，似此任之不顾，终难成此大民主国。而欲革人心，自非口笔不能。……此身定当从事于社会教育，以改革我同胞之心，庶不有疚于我心焉。

　　此时正在辛亥革命当中，苏州已然独立，民国即将诞生，他也恰好中学毕业，在选择前途。相距五年，1916年2月，在美国留学的陶行知给哥伦比亚大学师范学院院长写信说：

　　余今生之唯一目的在于经由教育而非经由军事革命创造一民主国家。鉴于我中华民国突然诞生所带来之种种严重缺陷，余乃深信，如无真正之公众教育，真正之民国即不能存在。……余将回国与其他教育工作者合作，为我国人民组织一高效率之公众教育体系，以使他们能步美国人民之后尘，发展和保持一真正之民主国家，因此乃唯一能够实现的正义与自由的理想之国。

　　一年后他学成归来，在太平洋的轮船上表示，自己的志愿就是要使全国人民有受教育的机会。这与一辈子致力于平民教育的晏阳初的思路也是一致的。叶圣陶、钱穆一面做小学教师，一面写作、研究，成绩斐然。从1912年到1922年，叶圣陶在中小学任教的十年间发表了大量文言小说、白话小说、童话、评论、诗歌，还从事篆刻艺术、编辑工作等。以1921年为例，短短的一年间他辗转吴县县立第五高等小学、中国公学中学部、浙江第一师范三校，一边参与发起组织"文学研究会"，担任《小说月报》和《晨报副刊》撰稿人，发表了《隔膜》等短篇小说22篇，"文艺谈"40篇，以及童话10篇，独幕剧、诗歌、杂文等20多篇（首）。

　　钱穆也是如此，他的著作《论语文解》就是在小学教书时写出来的。重要的学术著作《先秦诸子系年》《刘向歆父子年谱》也是他在江苏无锡第三师范学校和苏州中学任教时完成的。那个时代的先生，起码还有许多闲暇时光，课堂以外的时间是属于他们自己的，他们可以尽情地在自

美
的
相
遇

傅国涌教育随想录

208

己最感兴趣的领域耕耘，挥洒他们的汗水，追逐他们的梦想。他们在课堂上可以是好老师，但不妨碍他们业余成为好作家、好学者。即便时局动荡，社会上升的渠道始终还是畅通的。生于1913年的孙犁年轻时做过几年小学教师，1936年到1937年他在白洋淀一带教小学，这段经历与他后来以白洋淀为背景的小说不会没有关联。

王木春对叶圣陶、孙犁他们当年的生活心向往之，因此有了这本《先生当年》。他也是一位中学语文教师，我第一次见到他是在2012年盛夏，《教师博览》在东山岛举行笔会，那是他的故乡，也是他任教多年的地方，那次笔会，就是他作为东道主安排的，他带着我们去东山岛上的各处名胜，享受天光海色。"病树前头万木春"，一个好记的名字，加上他腼腆的笑容，说着说着脸上还会出现红晕，一见就感到亲切。他好学、爱读书和谦逊的性格，处处都给我留下好印象。上个月，我收到他一个短信，问是否方便接电话，有事找我，接通电话，他告诉我写了一本书，叫作《先生当年——教育的陈年旧事》，即将由华东师范大学出版社出版，想要我写序。接着他把书稿发过来了。老实说，这本书的范围已跨出了教育，更准确地说是关于知识分子的陈年旧事，但有一点似乎可以确定，书中涉及的先生大部分都可以算是民国教育的产物，他们的基础教育或大学教育是在那个时代完成的，多数人在那个时代开始从事教育，曾经站在民国的讲台上，虽然有些故事发生在此后。

木春注意到了《中华民国史档案资料汇编》军事篇中的几份"战报"，1946《国民党第四十九师第七十九旅文礼部进犯如皋及其东南地区战报》，以及1947年山东孟良崮战役中《国民党第一兵团在鲁中蒙阴孟良崮地区狙击解放军遭受惨败战报》，惊叹那些电稿中非同寻常的文字表现力，显示出一位有眼光的语文教师对汉语的敏感和关切。令我感慨的是他的目光没有停留在回忆录、人物传记或现成的研究性著作上，他读了民国元年九月初三《教育部公布学校仪式规程令》，发现当年学校的仪式规程简洁而又十分注重礼节，每次活动必有学生鞠躬、教师答礼。他又在台湾旅美作家王鼎钧先生笔下，读到了具有现场感的记忆，丰富了有关民国学校仪式的认识。

最近这些日子我在山上闲居，山顶有湖，湖畔漫步，我常想及中国现代教育的起源，我关心的是肇始于晚清的新式教育或东西洋留学生涯如何重构了几代人的知识世界和精神生命。张伯苓、陈独秀、鲁迅、胡适、徐志摩、宗白华、顾颉刚、叶圣陶、钱穆、黄侃、梁漱溟、闻一多、朱东润、陈鹤琴、金克木、季羡林、启功、谭其骧、李长之、程千帆、吴组缃……书中所涉及的先生，已不仅是子曰诗云的产物，不是整天陷在"为万世开太平"这样古老的大词大话之中，而是融入到了建造新文明的新潮流之中。虽然各人的价值取向或有不同，但在他们身上都可以看到新的因子，就是胡适留学美国时耿耿于心的"新造因"。1916年1月11日，他写信给女友韦莲司，提出这个说法，认为这个国家如果缺乏必备的先决条件，政治就不可能上轨道。无论是主张君主制，还是共和制，都救不了中国。他认定，自己的职责就在于准备这些先决条件，即新造因。1月25日夜，他在写给同乡同学许怡荪的信中有更进一步的论述，就是要从根本下手，"为祖国造不能亡之因，庶几犹有虽亡而终存之一日耳。适以为今日造因之道，首在树人；树人之道，端赖教育。故适近来别无奢望，但求归国后能以一张苦口，一支秃笔，从事于社会教育，以为百年树人之计：如是而已"。

我进一步关心这些先生学成之后，又是如何透过教育来推动这个古老民族的文明更新的。在这方面，"九零后"这一代的胡适、叶圣陶、陶行知、晏阳初等无疑有过许多思考，并付诸了实践，他们在20世纪中国教育史上留下的痕迹抹也抹不掉。我还关心那些名声并不显赫，却扎扎实实投身基础教育，做着春风化雨工作的人。木春注意到了江苏镇江一个小学校长刘百川的日记，那些具体而微的细节，比如对课桌椅尺寸的关注，绝非可以忽略。小处着手，大处着眼，教育的生命正是体现在细节中。教育毕竟不是空中的事业，而是脚踏实地、得寸进寸的事业。我们不能指望天上掉馅饼，也不可能毕其功于一役，只能一步一个脚印，渐进、缓进，在时间中慢慢影响世道人心。

不能触及灵魂的教育只是停留在教育的表面，一个时代的教育如果孕育出了姿态各异、生龙活虎般的各样人物，那个时代的教育就值得我们反复回望、致敬。民国虽短，而且时局板荡，却具备了被后世尊敬的元素。木春的这一系列笔记，不仅是对那些先生的致敬，更是对一个时代的致敬。我写下的这些话，也同样可以这么看。

民国教育当然不是完美的教育，从来都有缺陷，不必说丰子恺漫画中的那把大剪刀，那一个个模子铸出来的人偶儿。木春的《从苦雨愁城到长堤垂柳——孙犁的小学教职生涯》一文，透过孙犁的回忆，画出了丑态百出的小学教师群像。1933年出生的流沙河先生在《民国教师心里苦》的回忆中，则又提供了另外一幅同样真实的画面。民国教育是丰富的，也是复杂的，从来都不是一潭澄碧的清水。

2016 年 8 月 14—15 日初稿，8 月 19 日夜定稿于白马山上白马湖畔

难得生命中还有诗

　　1987 年 8 月底，我到一所叫平园的乡村中学任教，学校在一条小溪边，溪水平时都很温顺，水清得透亮，甚至可以直接淘米，被水冲刷得干净、光滑的鹅卵石，算不上广阔的石子滩，还有溪边的柳树林，春天的草地，都曾经是我所喜欢的。一到下大雨，溪水暴涨，就会变得面目狰狞，那个时候，经过小溪通往学校的必经之路没有桥，只有石矴，平时水不大，可以搬着自行车从石矴上过去，枯水期还可以从石矴边上推着车过去；一到石矴被水淹没，道路中断，学校和村庄就会周期性地成为孤岛，学校只能停课。

　　我接手的是初二的一个班，教语文，兼班主任，学生大多来自周边的村庄，天真，淳朴，能吃苦，如果不是溪水阻断了道路，哪怕是很冷的冬天，他们也都会早早赶来上学。和他们一起度过的三个学期，是我一生中难忘的。我记得，有一次上作文课，一共两节课，天气晴朗，我带了一个班的同学去爬小溪对岸的山峰，正是春天时节，同学们都很开心，到山上摘野草莓和其他野果子，然后我布置他们每人写一篇作文。因为有了真实的体悟，不少同学写出了超过平时水准的作文。那座山峰虽然近在眼前，天天相对，但几乎没有人上去过。相隔很久以后，我才辗转知道校长为此很恼火，认为我胆大妄为，竟敢擅自作主，带学生去爬山。

夏成君那时是我班上的学生，在我的记忆中，他比较活泼、开朗、好动，不是那种安安静静、沉默寡言的孩子，平时爱看课外书，语文是他比较喜欢的功课。乡村的课外书资源非常贫乏，学生之间流传的不过是言情和武侠小说，我曾经在课堂上收缴过夏成君的一本武侠小说，后来他几次来要，就还给他了。他父亲是学校的物理老师，冬天我们常常在一起晒太阳，那句20年来我始终记得的"太阳薄了"，就出自他父亲之口。也许因为他父亲的缘故，他有时候晚上也是住在学校的，我们相处、聊天的时间比较多，彼此之间说话也无顾忌，可以开开玩笑的。

　　1989年初，我悄悄离开学校，踏上一条前程莫测的道路，没有和任何一个学生告别。从此，天涯茫茫，音讯阻隔，与学生完全失去了联系。18年的时光不算短，那是整整一代人的时间，当年十四五岁的学生如今恐怕都已为人父、为人母，承载着生活的重担。我们之间那一段短暂的师生缘也许早就漂散在岁月的河流中，了无痕迹。一个只教过他们三个学期的老师，还有几个人会记得？我从来没有想过这个问题。虽然我偶尔也会想起18年前的石子滩、山峰和树林，产生过回去看看的念头，但终于没有成行。

　　直到去年，夏成君辗转打听到我的手机号码，给我打来电话，他说自己是我多年前的学生，让我辨认他的声音，猜他是谁。相隔这么多年，声音大变，我哪里还猜得出来。他说多年来，他一直在打听我的消息，得到的消息都是些零星的碎片，很不完整。他告诉我这些年来自己的情况，他父亲已去世，他接替父亲的衣钵，做了教师，现在是雁荡一所小学的校长，有一个可爱的女儿。我为他感到高兴。他还告诉我，自己业余爱好写诗，已断断续续写了不少。我不无惊讶，在这样一个浮躁、实际的大环境中，在诗歌处于边缘化的时代，偏居雁荡山的一个小学校长，整日忙于繁琐的事务，还有心情写诗。不久，我收到他通过网络发来的诗，其中有些写得颇清新可喜，与那种读不懂的诗和"梨花体"走的是不同的路子。

第三辑　与教育人相遇

213

今年 4 月初，成君到杭州旅游，顺便来看我，结果因为我出远门去了，没有能见上面。前些日子，他来电话说，要出一本诗集，希望我能写几句话。我说，我要写的话，也只有一些往事的回忆，与他的诗并无直接的关系。他说，那就写写对他这个学生的印象吧。我是从雁荡山中出来的，深知大山对人的制约，深知那块土地的局限，在那里坚持写诗，多年不懈，是需要毅力的，尤其要有内心的温情和韧性。当诗歌逐渐远离大众视线时，我以为，对诗的热爱只能依赖对生命的热情，诗不是写给别人看的，更多的是自我的肯定。我为我有一个爱诗、写诗的学生而欣慰，难得他的生命里还有诗，诗里毕竟没有什么世俗的功利可图。可以说，诗是属于内心的，有诗，生命就不至于完全沦陷在外在世界的躁动与不安中。

2007 年 6 月于杭州

诗是一种生活方式

——序陆怀珍诗集《长江集》

我与陆怀珍君只有过匆匆一面，那是去年夏天，在成都郊外，他听了我的讲座，当场赋诗两首赠我。前些日子，我在许良英先生的故乡临海张家渡接到他的短信，他说他的诗要结集出版，要请我写个小序。我当时颇为踌躇，一是因为终日忙碌，写文章成为很大的负担，为此推掉了大部分约稿，不少人请我写序、写推荐语，也都推掉了；更重要的原因是，为一本诗集写序确实让我感到为难，我不懂平仄、格律，少年时虽热爱诗歌，然不写诗几近 20 年，在这个越来越缺乏诗意的时代，诗离我们的生活早已越行越远，我又能说些什么？但怀珍与我并不很熟，他诚意拳拳，满怀希望来找我，我实在不忍拒绝，所以，给他回复，先把诗集发过来。他当天就发到了我的邮箱，我直到今天才抽时间下载下来。

我只知道，怀珍君是淮安的一个中学教师，其实我没问过他是教什么的，读他的诗集，我猜想他是语文教师，他对很多课文的感想，都留下了诗，他发现一个爱阅读、喜写作的学生，就赠诗鼓励。我因此想起民国时代北师大附中有个语文教师董鲁安，曾是"五四"的热血青年，被北洋政府拘捕过，写旧体诗是他的一大喜好（他的儿子于浩成先生将他的诗集汇编成册，自印送人，我也获赠一部）。他在课堂上讲文章、念诗词，念到精彩处，时常会坐在讲台椅子上自言自语，"妙哉，妙哉""妙不可言"。这样的课堂曾极大地感染了学生，给后来成为物理学家的学生张维留下了终生难忘的印象。另一位北师大附中的语文教师夏宇众也爱诗，给高一学生开文学选修课，讲诗词时还鼓励学生练习作诗。孙念台写了五言《咏菊》呈交，下节课他将此诗抄在黑板上，当众批点，批语中有"髫龄得此，殊属不易"之句，给了学生极大的鼓励。以后担任北京师范学院物理系主任的孙念台仍爱写旧体诗，并时有送给当年的老师审阅，他很高兴地说："你一个学理科的人居然还能写旧诗。"当年的课堂、老师之影响可谓绵远。

中国原本是个诗的国度，我甚至想，诗与这个国家一样古老，穿透了整个漫长的编年史。诗曾是一种生活方式，不仅是阳春白雪的文化消费方式，同样是下里巴人的自我娱乐方式，只要听听那些饱含着情感和生活气息的山歌民谣就可确证。一代枭雄曹孟德挥师南下，对月当空，横槊赋诗。相隔上千年，在故乡河南项城等待东山再起的枭雄袁世凯，同样以诗明志，留下了"野老胸中负兵甲，钓翁眼底小王侯"这样的诗句。天纵之才李白借诗消愁，亦借诗笑傲王侯，杜甫则借诗见证他的忧患人生，更见证他亲历的大唐时代的盛衰转折。那些赋有才华的诗人和他们的诗篇穿透千百年的时空，藏之名山，传之后世，为一代代的人所吟诵、记忆，而绝大多数的诗篇则已湮没无闻、渺不可寻了，但是对于作者当时而言，那些诗仍是有意义的，那是他们的一种生活方式，构成了他们日常生活中不可分割的一部分，如果没有诗，没有这一精神生活方式，我们可以想象，千百年来这个古老的民族将活得更加无聊、无味、无趣，诗给这个象形文字的民族带来了生命的释放和自由。人们以诗送亲友、寄性情、摹山水、言志趣，诗中没有黄金屋，诗中更无颜如玉，但诗中有感情，有个性，有人类对美好事物的真诚向往和肯定，诗中有人生的记忆，有时代的痕迹。

直到 20 世纪中叶，诗的时代已渐渐远去，政治领袖还在借诗言志，自抒抱负，知识分子也要借诗来传达内心的曲折，无论是标准的格律，还是新创的打油。一代史家陈寅恪留下了大量旧体诗，如果不借助可靠的注解，后人已无法真正读懂了。诗是个体的，在个体长期以来遭到普遍压抑的中世纪长夜中，诗成为一种寻求个体内心自由和安息的方式，可以婉转地叙说心曲、吐露心声，可以上天入地、苦苦求索，可以飞扬跋扈、粪土当年万户侯，也可以凄凄惨惨戚戚，在审美和想象中给缺乏超越性的生命带来暂时的安慰。诗在中国数千年吟唱不绝，全部的秘密就在于它曾经是一种生活方式。

"桃花潭水深千尺，不及汪伦送我情。"这样的诗曾是他们的生活，生活与诗是合一的，至少是高度融合的。今天，我们已被抛在一个短信、微博、微信的时代，那个诗的时代几乎不可抗拒地消失了。在这样的时代，怀珍君却在生活中持续地拥抱诗，无论旧体、新体，他的诗其实就是他的生活，是他生命的自然流露，他的诗不是职业诗人的诗，不能用诗评家的专业标准和尺度来衡量。我并不认为他就是今日中学讲台上的董鲁安、夏宇众，我也不知道他的学生中将来会不会产生张维、孙念台。但他的诗自足、自在，是与他日常的生命连接在一起的，是与他的讲台、课本、同事、学生、亲人，与他所在的城市、校园，花花草草，山山水水相关联的。他的一些看法或者我们并不是都认同，他的诗也不是那种云里雾里、深不可测的玄妙之作，他的诗很日常，很生活，是一个教师内心世界的真实袒露，更是一个纯净心灵与这个浮躁复杂的世界独立的对话。《民谣》中"酒中长"一语直指今日之病：

整党整风日夜唱，小民无事即上床。夫妻私语苦更短，支部会议酒中长。

他的诗集中咏荷之作有多首，我独喜这首《荷梗》：

铮铮硬骨独支持，结子开花仍虚心。勿乞艳蝶与共舞，清溪绿叶蛙低吟。

我更喜欢《五月槐花香》这类诗，清新、朴素，无装饰，无做作，有味儿——

　　五月槐花开，满树雪一样。农人收麦忙，孩子喜洋洋。……同伴细采摘，转眼已盈筐。水煮食鲜嫩，晒干咀嚼香。邻人孩儿小，分些全家尝。……

当然，诗集中也有些句子流于口号化，诗意黯淡。凡与内心、与生活更近的，常常与诗更近。我想，诗是对生命的回归，不是对外部世界的掠影。而我对怀珍君的诗集只是浮光掠影，匆忙间写下的这篇小文，作为序不知道是否合适，但我相信也许诗本身比这些话更重要。

2013 年 4 月 5 日于杭州

为乡土中国招魂

——序许志华诗集《乡村书》

　　每个人的故乡都在消失，从今往后我们都成了没有故乡的游子。20多年来，看着故乡在时间中不可抗拒地沦陷，看着钱塘江边那个滋养过他童年、少年时代，给他带来过无数欢欣和哀愁、快乐与悲伤的乡村一点点消失，江潮依然涨落，渡口早已废弃无人，落日无语，月亮无语。离乡并不遥远的许志华多么想挽留住这失去的一切，虽然他知道这不可能，但他还是写下了四卷《乡村书》，从春之卷到冬之卷，他的故乡沿着季节缓缓地展开，他的诗，平静如同平时的江流。

　　曾几何时，江南大地四季分明，从草长莺飞到梅开雪中，一年到头，人们依照自然的节奏生活，年复一年。到如今，酷暑漫长，春秋苦短，木樨花也辨不清季节了。在钢筋水泥森林般举起的手臂中，在车流淹没了道路的夹缝中，从看不清星空的夜色中，他思念故乡的零零碎碎，他的思念唤醒的不只是少年时代的梦幻，同时唤醒了与泥土气味、青草气味、牛粪气味混合在一起的日子，唤醒了人与万物、与天地和谐相处的那些光阴。

　　《乡村书》的回忆是具体而结实的，是生活的而不是虚构的，家长里短，单调琐碎，苦中有乐，乐在日月轮换、四季更替、年复一年中，在每一个有生命、有形象、有声音、有色彩的细节里。透过《乡村书》，我儿时在那个荒凉寂寞的山村里经历的生活也变得有滋有味起来，虽然当时也曾感受到单调乏味。与其说贫乏的乡村生活，因岁月的沉淀而渐渐成为美丽而遥远的记忆，不如说那是因单向推进、无坚不摧的工业化和城市化进程，折断了乡村在土地上张开的翅膀。《乡村书》在时间的河流中打捞起无数记忆的碎片，在这里，我们可以看见强壮的蚂蚁、比星星更亮的牛眼，我们可以遇见忙着采蜜的蜜蜂，可以遇见迎亲的喇叭……消失的乡村仍然活着，一切都是活的。

春天来了，杏花是邻居，燕子是客人，油菜花涌进门缝，蚕豆花和豆秆、豆荚都是活的，甚至那高高矮矮、稠密稀疏、整齐歪斜的篱笆，也是活的——

> 一道矮篱笆，是允许人跨越的篱笆
> 一道中等高的篱笆，是允许你来我往交换菜蔬的篱笆
> 一道稍高一些的篱笆，是允许人说话谈天的篱笆
> 一道不设防的篱笆，是允许孩子钻进去偷枇杷和枣子的篱笆

菜园里大粪飘香，每一棵菜仿佛都有了生命，都会说话似的，一天到晚，在菜园里东摸摸、西摸摸的老太太，嘀嘀咕咕、唠唠叨叨，"直到有一篮子俊俏的蔬菜 / 在暮色里恭顺的挽起她的手臂回家"。这让我想起故乡那个菜园子，那个父母一年到头牵挂、浇水、施肥的菜园。

这里有夜间悄悄拔节的玉米，如同"在夜里长胸脯的少女"，"看看像个好六谷 / 剥开来看嘛像个瘌痢头儿 / 人是好人，命是苦命！"这里的老南瓜，"笑起来的样子那么灿烂 / 就像那朵曾经灿烂在春风里的南瓜花"。

家家户户的炊烟是活的，年幼的炊烟像和谁赌气，年轻的炊烟有点呛有点冲，年老的炊烟就和淡了，顺命了，好人家的炊烟像是做过记号的，隔着几十里都能看见……

那立在瓦上的狗尾草是活的，屋檐下的压菜石是活的，它不在腌菜

美的相遇　傅国涌教育随想录

缸里，就在腌菜缸旁边的某个角落，或在某个不起眼的墙角，压菜石原本也是一块无足轻重的石头，"不要人家知晓它的存在 / 活着或死了都是默不做声"。一代又一代的乡邻们，多数人的命运正如同这一块块压菜石。

墙角边的凤仙花是活的，她有着贫苦却干净人家的颜色，更有安恬岁月的颜色，凤仙花下的枝子结了青色的荚果，年复一年，老去的女人心中总留着凤仙花的籽。

这里的铁耙、锄头、镰刀、扁担、簸箕、竹匾、谷耙、风车、水车……都有各自的生命。有着十八般武艺的铁耙是值得敬重的，在土地的角角落落都立下过汗马功劳，它们最怕被闲置，"空闲下来的铁耙 / 一把把垂挂在农具屋的房梁上 / 在鸡鸣声中苏醒，在尘光里翩翩欲飞"。

骄傲的镰刀更珍惜忙碌的日子，镰刀的全部欢乐都在忙碌当中，"镰刀割稻是争分夺秒的 / 镰刀割稻是不知疲倦的 / 镰刀割稻像是要用一日的辉煌堆满一生的谷仓 / 镰刀和汗水争分夺秒度过的一日，长过镰刀在寂寞里回忆的一生"，而被闲置生锈的镰刀只能在梦里悄悄流泪。

谦卑的扁担是会开花的扁担树，可以开出新衣服、新鞋子、木梳子，也可以开出学费、金花耳坠子。

蓑衣是活的——"谷雨前后 / 那白鹭是披了蓑衣的 / 那老牛是披了蓑衣的 / 那村庄是披了蓑衣的……"草帽是活的——有麦草的清香，有汗水的咸香，有旧年往事的陈香。蒲扇是活的——一把破蒲扇就像老母亲，扇出的风如同老母亲碎碎叨叨的叮咛。所有不起眼的小物件统统都是活的，提子、盐罐子、粗瓷青花提梁壶都是活的。

《乡村书》里有狗，有猫，有牛，有鸡，有鸭，也有蛇，有老鼠，有黄鼠狼，有张网的蜘蛛，有掘土的蛐蟮，有幽怨的蟋蟀，也有点缀夏夜的萤火虫，更有火一样的蝉声，仿佛要将木结构的村庄，烧成一堆没有重量的灰烬。有成群结队聚在一起过冬的麻雀，叽叽喳喳，叽叽喳喳，把许多家长里短，芝麻绿豆的事，都抖搂出来，高兴地啄一啄，尝一尝。

这里的白云有青草味，这里的乌云会从山那边赶过来哭丧，这里有祖母般升起的月亮，这里也有淘米水似的月光，这里有飞走的雁群卷起天空，这里的狗吠惊动的深夜黑得缩成一团。这里的雾是枯木桩上的年轮，是一朵层层打开的栀子花，是晾在桑树上的轻纱，是撒在流水上的一张千层大网，是在旧田地里来回耕作的犁耙。

这里的草垛是有生命的，"田野里的草垛单纯 / 大路边的草垛和气 / 院子里的草垛慈祥"，经常被大雨淋湿的草垛，从它内心掏出来的那捆稻草，却总是干的，热的。

就连这里的鸟巢也是有生命的，万籁俱静时，"巢把睡着的鸟一只一只数过，看过 / 巢睡了。"

许志华生在钱塘江下游的一个乡村，20 年来，他在杭州城内的一所小学做体育教师，他的心却是一颗诗人的心。他的人生虽未经历过什么大风大浪，却有着少年丧父的至痛。有父亲的童年成为他最幸福的回忆——"在风中，火柴往往擦燃即灭 / 在宽厚的指掌的围护下开出一朵梦幻的火花 / 就是一根火柴最幸福的童年"。20 多年前，我们相识时他就在写诗，一直没有中断用诗的方式记录时代，表达他丰富而饱满的内心。他有一双略带忧郁的眼睛，善良、单纯、正直，爱生活，爱孩子，爱这个世界上一切美的事物，侍弄花草对于他不是一般的爱好，他能与花草对话，与白云对话，在他眼里这一切都是有生命的。故乡消亡的过程正发生在他从少年到中年的岁月，他心中的隐痛无人可以明白，他在许多寂寞的昼夜，用干净而温暖的汉语写下他记忆中的乡村。他的记忆越是温暖，现实就越显得冰冷。《乡村书》是诗，也是记录，它没有《荷马史诗》式的宏大，却有着《古诗十九首》式的低回，有对故乡、土地和乡人的感情，有对平常生活的肯定，有对生命的追问，更有对不可抗拒的时光的挽留。

面对生于斯、长于斯的乡村，他自幼时起不知多少回看着云来云往，云聚云散，他看到了白云苍狗，他刻骨铭心的故乡正在消失，如同抓在手中的一把沙子，攥得越紧，流失得越快。逝去的乡村生活像我们熟悉的露天电影，正面看的人多，反面也有人看，照样看得津津有味。在乘凉的夏夜，讲大书的祖良伯——"一拍大腿 / 怎么着？原来是花蚊子千算万算 / 没算到从天而降的大巴掌"。混合着老酒味、酱油味、醋味、香烟味、糖果味、酥饼味、肥皂味、蚌壳油味和雨天霉味的小店里，赊账本上挂着密密麻麻的欠账，八分钱打老酒，剩下的二分买水果糖，孩子抱着酒瓶乐颠颠地往小店里跑。《乡村书》里有光脚板的老人，有跷脚女人赶鸭子的独养儿子，有拿起小剪刀去剪葱头的小脚老太婆，有蚂蝗叮在脚上的插秧男人，有老埠渡口等候的人，有一边赶鸡一边骂它们啄光她毛毛菜的宝田嫂，冬天里一边做针线活一边把僵冷的手放在铜囱上的老太太，有木头男人生的木头儿子和忘记了木头的老木匠，还有那位无儿无女的孤老头，当他离世，相依为命的黄狗终日不吃不喝，蔫蔫地趴在破落的小院门口……

《乡村书》里弥漫着温暖，却又浸透着悲悯——"燕子飞走了，巢还在 / 麦子割了，麦茬还在 / 人死了，人间世的苦还在"。这里尽是些平凡而挨得起苦的人，他们平凡得如同尘埃，这些捡起的生活碎片也是那样平常、平淡，如同烧土灶的锅底灰一般，却和那些并不平静也不那么平安的岁月，一同变成了珍贵而不可复制的精神瑰宝。何以如此？因为一切都已消失，再也找不回来了。我曾想，难道这是他给故乡写下的墓志铭？是一曲献给农业文明的挽歌？分明又不是，《乡村书》提醒我们——"乡村的蝉声不能听 / 乡村的蝉声是凄迷的，哀恸的 / 城市的蝉声不能听 / 城市的蝉声是没有方向的，迷惘的"。这个时代最深的焦虑并不是物质上的匮乏，而是失去了方向的迷惘。《乡村书》让我们看到，人与土地、与自然、与动物、与万物之间的日常关系不可挽回地破碎了。这是文明转型付出的沉痛代价，我们已成了无根的游子。钱塘江还在流淌，江潮起落依然有时，江流在时间的脉管里，只是——"渡口不见人，不见船 / 不见打水漂的少年 / 不见吃草的牛羊，不见炊烟"。在江流落日的背影里，

第
三
辑

与教育人相遇

223

看着面目全非的乡村，他已欲哭无泪。在他童年的眼中如锅盖、如车轮般的落日，如今看上去却像是一个句号，为这个匆忙消逝中的时代悄悄写下的一个句号。然而，在句号的后面还要开始新的句子。

上面的文字是我去年为《乡村书》第一稿写的序言，等我看到第三稿、第四稿时，已然面目全非，不再是简单地停留在对乡村的记忆上，而是深入到乡村的灵魂中。在过去的一年中，诗人被灵感充满，上帝启示他写出了超乎他能力的诗篇，一改再改，现在呈现在大家面前的是第五稿了。

去年冬天，他来参加我们的一个聚会，深情地朗诵《香灰和曲蟮们的春之曲》：

> 香灰累了，沉落了
> 大地在唱，大地复活了
> 这是未完成的歌，这是春之曲！
> 曲蟮累了，化为泥土，这是未完成的歌，这是春之曲！
> 草籽们开始唱，高声唱，这是醒悟的歌，这是生长的歌，这是春之曲！

今年春天，我随他去钱塘江边，寻找"春之曲"，正值油菜花、豌豆花开的时节，桃花渡口的桃花也开了，我感受到了他的狂喜，甚至感受到了他少年的心跳。这是《乡村书》中的桃花——

> 桃树已经走到渡口了
> 桃树上睡满了
> 桃花少女的浅唱低吟
>
> 桃树下有个喂鸡的女人
> 一抬头，她开成
> 脸红的桃花一朵

他告诉我，正是桃花渡口那个喂鸡的女人不久前对他说，下次再来桃花就开了。

我突然明白了，他的《乡村书》为什么变成了现在这样子。因为这已不只是他记忆中的乡村，他想象中的乡村，更是他梦中千百遍地追寻的那个乡土中国，那个迷失、消亡的乡土中国。他的诗要为此招魂。他的诗伸进了古老的乡土中国，又伸向一个未来的乡土中国。他的全部痛苦和全部喜悦都在这里。他可以茶饭不思，他可以晨昏颠倒，他可以泪流满面，他可以头发凌乱，因为他的灵魂被一种力量触摸，他的生命被点燃了。他写出了他能力所不及的诗篇，他为乡土中国画出了灵魂。

年糕年年高
年糕遇河造桥，逢山开道
年糕有过必改，知难而上

年糕年年高
年糕周正地走上师道
年糕周正地走上医道
年糕周正地走上商道
年糕周正地走上正直的大道……

——这是《乡村书》中的年糕。

篾刀劈出一片片的云
刨子推出一卷卷的云
蒸笼盖下冒出一团团的云
烟囱里飘出一蓬蓬的云

……

棺材板上钉了钉

第三辑
与教育人相遇

一朵蓬头垢面的乌云

　　从山那边赶来哭丧

　　……

　　云卷云舒——坐看云起

　　云起云涌——高唱如云：

　　"大风起兮云飞扬"

　　——这是《乡村书》里的云，是眼中的云，更是穿越时间沧桑的云。

　　当我们离开他的家乡时，小镇上正在演越剧，舞台上灯光明亮，皇帝、妃子、奸臣、清官，唱着咿咿呀呀的江南乡音。我听到其中一句："除了天地皇帝大"。是的，旧的乡土中国，是一个皇权至上的乡土中国，我们会有一个民权至上的新的乡土中国吗？这要去问蛐蛐，去问香灰，去问玉米，去问墙角的压菜石，去问飞走的雁群，去问消逝的炊烟，去问"大风起兮云飞扬"的云朵。

　　　　　　　2014年5月23—24日初稿，2015年7月2日增订于杭州

秋天兀自来了

——序子张诗集《此刻》

"也不打个招呼 / 秋天兀自来了"。

是的，秋天就这样不请自来，夏天已过，奢华极致的 G20 盛典也似乎成了遥远的过去，今天是秋分，秋天已兀自来了。这两句诗出自子张的笔下。子张是张欣兄的笔名，叫张欣的人很多，今年春天，我与他一起去莫干山脚下的图书馆，年轻的馆长找了一些署名"张欣"的书，却发现有些压根不是他的。张欣兄大概比我年长五六岁，我记不得我们是哪一年认识的，至少是十年前了，因为他送我的第一本书上有他写的时间，是 2006 年中秋，我只记得是刘克敌兄介绍的，他们是山东老乡，在杭州的大学教书，克敌兄研究陈寅恪和现代中国知识分子，在杭州师范大学中文系，他则研究当代中国诗歌，在浙江工业大学中文系。那时，他还住在浙工大老校区对面的朝晖六区，与我家相去不远，所以不时有见面闲聊的机会。在我眼中，他永远是闲着的样子，事忙人不忙，人忙心也不忙，后来他搬到郊外去了，在浙工大转塘校区那边，见面的机会也就少了。好在此时已有了微博，再后来又有了微信，他的消息还是时有看见，总觉得他是一杯清茶，几句小诗，一副与花草诗书为伍的闲散样子。他说话永远慢条斯理、不急不忙的，过的正是现代人艳羡的慢生活。与他一起出门看山看水，喝茶闲聊，总是感到放松、悠闲又踏实，生活的脚步仿佛跟着他就会突然放慢。

　　人如诗，确切地说是诗如其人，他的诗句中处处透露出优哉游哉的生命气息，好像天塌下来也有高个子顶着一样，他无须着急。其实，人再急也没有用，日出日落，花开花谢，春夏秋冬，照样是按着自己的节奏来，人类的世界也是如此。对于他，诗不是生活外面的，而是生活内部的，诗与生活在他身上是统一而不可分割的。无法想象，离开了诗，他的生活会是什么样子。他是我的朋友中生活得最像唐人的。

　　十年前的那个中秋，他赠我的第一本书就是诗集《子张世纪诗选》，薄薄的，只有64页，开篇是一组诗《沐浴缤纷的落叶》，从"时间絮语"到一次次的"落叶独白"，最后是"落叶合唱"，落叶与大地说话，落叶与天空说话，落叶与时间说话，落叶与人说话。与其说是落叶在说话，不如说是他自己在说话。在徐志摩遇难处，他说："从天空飘下的片片雪花／而今在草叶上抽出诗意"；他写下《萧红墓志铭》："对一个爱过创造过的人说：／死亡是远离尘嚣的归宿／虽是早谢的花朵也应知足／因为你曾经美丽地开过……"；他赠诗给健在的冰心老人："苍老的世纪也觉得羞愧／面对一颗没有皱纹的心"；他读完邵燕祥先生寄赠的《旧信重温》，写下自己的感想："是多么晦涩寒荒的年代／激扬的心呵曾彼此寻找"……

　　他写诗，不是为了写诗，而是因为他生活着，如同李白要赠给汪伦一首诗那样。在一个失去了诗意的时代，他却顽强地让诗成了他的生活方式。他所喜爱的花草、清茶、友人、书本，以及他主编的民刊《手艺》、他为《温州读书报》写了数年的专栏《我的签名本》，也都是一种诗意的存在。

　　两年前一个冬天的下午，他来我家，送来他新出的两本书，其中一册就是这一专栏的结集，书名《清谷书荫》是他的忘年交、老诗人邵燕祥先生题写的。他是当代中国诗歌的研究者，曾有专著行世，而且与当代文坛的许多老诗人有直接交往，乃至有深厚交情。在他送我的另一本书《一些书一些人》中，可以看到他与施蛰存、钱谷融、冰心、吴祖光、余光中等老人的交集，他与诗人吕剑、蔡其矫、邵燕祥等的交情，特别是他的山东老乡吕剑先生与他多有书信往还，年轻时他曾骑着自行车去吕剑的老家莱芜城北林家庄，在两株挂满青果的枣树下，终于找到了诗人的老屋，并在村中看到了诗人笔下的石竹花，在荒草丛中，砂石坡上，像星星般闪烁的花朵，一簇簇，一束束，在贫瘠干旱缺少雨水的山坡上，那么耀眼地开着。这本书中也是这篇《探访诗人吕剑的故乡》让我最有感触。他是个有心人，他与这些老人的连接，不仅是因为专业研究的需要，更重要的是心灵的相契。他心中有诗。这诗不只是写在纸上的，更是生命中的、生活中的。在送给我的这两本书中他就分别写有诗，《一些书一些人》的扉页写着："湖上红莲桥底月，胸中沧海梦中诗"；《清谷书荫》的扉页写着："眼底纷纭事，襟怀渡人船；飘然云一朵，书卷任流年。"诗如其人，诗即生活。我想起遥远的青春时代，30 年前，我也曾有过用桉树叶写诗的时光，那些"丢在黄昏的诗叶"在 30 年的风雨苍黄中几已散失殆尽，诗意的生活也早离我而去。在他身上我似乎又重新闻见了年轻时的味儿，那些暗夜里栀子花开的味儿。我想起荷尔德林的诗句："在柔媚的湛蓝中，教堂钟楼与金属屋顶遥相辉映。……/ 人生充满劳绩，然而诗意地栖居在大地上。"张欣兄就是如此诗意地栖居在大地上的。

今年酷暑，我在外出途中，他来电说，他的诗集《此刻》将要问世，嘱我写几句话，因为一直外出，直到中秋前夕才回家算是安定下来了，翻开他早已发来的诗稿，许多喜欢的句子就撞进了我的眼帘：

> 花开花
>
> 雨下雨
>
> 道路伸出道路
>
> 秘密藏着秘密
>
> 春天在春天里

我呼吸

在城市

不顺畅的呼吸中

——《我之存在主义》

　　感谢这些诗句愉悦我的生命。"在城市不顺畅的呼吸中"我们已往来十年，想起许多美好的细节，那些无拘无束、轻松闲聊的时刻，尤其今年春天一起去下渚湖看油菜花的光阴。转眼又快半年不见了，"秋天兀自来了"。

2016 年 9 月 22 日于杭州上塘河畔

后 记

出版家范用上小学的时候，读到夏丏尊翻译的《爱的教育》，译者序言中的几句话打动了他幼嫩的心灵：

> 书中叙述的亲子之爱，师生之情，朋友之谊，乡国之感，社会之同情，都近于理想的世界，虽是幻影，使人读了觉到理想世界的情味，以为世间要如此才好。于是不觉就感激了流泪。

他一辈子都憧憬这样的理想世界，做着这样的梦。一个人的一生尤其在少年时代与什么样的书相遇，也许充满了偶然性，正是这偶然将开启截然不同的人生。我常常想起童年、少年时代起读过的那些书，在时间的流逝中渐渐都已汇入我的生命当中。正是我接触到的一本本书，让我的世界变得越来越大，每一本书其实都在参与我的人生，让我不断地获得精神的滋养，重新找到前行的勇气，让我禁不住感叹：人与书的相遇竟是如此之美。

当然，人与人的相遇也是美的。夏承焘十几岁时，第一次填词，一阕《如梦令》中有一句："鹦鹉，鹦鹉，知否梦中言语？"国文老师张震轩给这一句密密加圈，连声夸他作得好。他说就是从那时起，他下定了一生研究词的决心。老师画的朱红圈圈令他终生难忘。马星野在温州中学念初中时，国文老师朱自清每逢发现好文章，总要与学生一同欣赏。以新文学知名的朱老师十分喜欢旧文学，有一次拿到一卷线装的苏曼殊诗集，就找他到办公室共赏。在他心中，朱老师的一句诗、一席话都有值得长久回味的价值。他永远都记得老师在他作文后面批了两句李商隐诗："何时荆台百万家，独教宋玉擅才华。"他们相处的时间不过短短一年半，却成为他一生的回忆。

我常常被这样的故事吸引，教育就是由一个一个这样的故事构成的，没有故事的教育是死的，教育首先就是人与书的相遇、人与人的相遇。我曾经想过，要是能写一篇《教育相遇论》，甚至是一本书，来讲述课堂内外的相遇，校园内外的相遇，书里书外的相遇，从人与书、人与人到人与世界、人与自我的相遇，该是一个多美的题目，却总觉得千头万绪，一直没有写出来。

前几年，我先后作过几次讲座，都是以"相遇"为题，一是《教育就是与美相遇》，关于民国教育的；一是《人生最美是相遇》，关于我自己的经历。讲座的录音整理稿都收入了这本小册子。这些收集在一起的文字，虽都与教育有关，却零零散散，似乎没有一根线索将它们串在一起，我想到了"相遇之美"，也请朋友们帮我起了好多个题目，最后妻子对我说，不如叫"美的相遇"，可以涵盖所有的文字，无论是我与民国的相遇、教育的相遇，还是与许多师友（他们又都是从事教育的）的相遇。我感谢人生中无数的相遇，从少年到如今，正是这些相遇使人生变得如此美好，什么样的风暴也折不断梦的翅膀。

40年前，我在大山深处偶然接触到的那些读物，依然活在我的记忆里。我喜欢阿根廷作家博尔赫斯晚年的那些谈话，他眼睛看不见了，但心中那么明亮，他的心中似乎装着一个宇宙，他对这个世界的理解，常常不是肉体所能限制的。在我看来，他是触摸到永恒的人，与这样的人、这样的书相遇，真是美不可言。"什么是永恒？永恒不是我们所有昨天的总和，永恒是我们所有的昨天，是一切有理智的人的所有的昨天；永恒是所有的过去，这过去不知从何时开始；永恒是所有的现在，这现在包括了所有的城市，所有的世界和行星间的空间；永恒是未来，尚未创造出来但也存在的未来。"

我们注定都要成为过去，唯永恒的意义值得寻找。我常常想，教育不就是在短暂中触摸永恒的过程吗？不就是有限的人不断地向无限求问的过程吗？30 年前，我在一所乡村中学教书，那里的树丛，流淌着抓人的绿色的树丛，那里的石子滩，一块块被溪水冲刷得干干净净的石头，那里的星空和月夜，我在摇晃的烛光下读洛克、卢梭和孟德斯鸠，在万籁俱寂中仿佛听见过他们穿越时空的呼吸。很远，也很近，我无法想象如果没有与那些书相遇，这一生又将怎样度过。

正是人生的短暂，使一切的相遇显得更美。花开了，花也落了，我看重它的绽放，也看重它的凋谢，这个过程即是一个美的过程。我正在读一本书，俄国作家谢尔古年科夫的《秋与春》——

> 森林、繁星、河流——世间一切美丽的事物——这恰恰是我们的内心、我们的心灵的反映。可以说，整个世界都是我们自身的反映。正因为如此，遇见松树的时候，我们才怡然欣赏，我们看它，怎么也看不够，我们遇见的不是松树，我们与松树没有任何瓜葛，我们遇见的是我们自己。正因为如此，遇见我们的时候，松树才怡然欣喜，它能够在我们心灵的密林之中找到自己。

每一个句子都充满了灵性，这种感觉真是久违了。我很感恩，在我五十之年，能让我与谢尔古年科夫的文字相遇。教育是要启人心思，而不仅仅是记忆、重复、练习、答案，教育是要让每个人的灵性被激活，更真实地理解眼前的一切，就是找到自己，找到自己真实的心灵。离开了读书，教育还剩下什么？我不知道。感谢茶居兄，我们相识多年，是他促成了这本小册子问世。感谢我的妻子曹丽蓉起的书名，我们相遇已经 28 年，一起生活了 24 年，共同承受人世的风风雨雨，这是我一生最重要的相遇，当然也是美的相遇。

2017 年 4 月 11 日于杭州

后记